# ㊗新 キャッシュレス時代
# 日本経済が再び世界をリードする

## 世界はグロース（成長＝中国）からクオリティ（品質＝日本）へ

エミン・ユルマズ
エコノミスト

コスミック出版

# はじめに

２０２０年は株高で始まり、株高で終わりました。年初にイラン革命防衛隊の最高司令官が暗殺されるという事件が起きて緊張が走り、年末が近づき今度はイランの核開発の責任者が暗殺されました。２月から3月にコロナの第一波が日本を襲い、年末には第三波が来てしまいました。いろいろな出来事が円を描きながらグルグル回っていて、デジャヴュと感じることが多いです。

一方で世界は２０２０年にドラスティックに変わりました。その理由はデジタル・トランスフォーメーションつまりＤＸが加速したことです。日本の企業はいずれ変えたいけれど今すぐ変える必要がないと思っていたものを、すべて力づくで変えないといけなくなりました。リモートワークが一般的になり、昔から技術があったのに広く普及しなかったテレビ会議も当たり前になりました。

他のビジネス分野における変化ももちろん注目に値しますが、個人的にもっとも注目しているのは医療と金融におけるＤＸです。「医療は確かにアナログだし仕方ない部分もありますが、金融は十分デジタル化しているのではないか？」と思っている人も多いかもしれません。だが、実はそうではありません。私は日本最大の証券会社に長年勤めましたが、日本の金融はまだまだアナログな部分が大きいのです。

社会全体を見ても日本人の大半はまだ紙幣とコインを持ち歩いていて、それで買い物をしています。現金の使用率が先進国の中でもドイツの次に高いレベルにあります。一方でキャッシュレスの世界はすぐそこまで来ています。

新型コロナ・パンデミックはキャッシュレス世界の到来を加速させました。パンデミックのせいで我々はキャッシュレス&タッチレスな世界に移行しています。このタイミングで世界初のデジタル通貨であるビットコインが史上最高値を更新したのは偶然ではありません。そして、米国の証券取引委員会（SEC）がこのタイミングでリップル社に対して訴訟を起こしたのも偶然ではありません。デジタル通貨を金融システムの中にどう取り込めばいいのか？　どこまでが通貨で、どこまでがデジタル資産で、どこまでが証券なのかが問われ、はっきりさせられるタイミングに来ています。

この本で取り上げた重要なテーマの一つは国家と金融筋つまりお金の戦いです。古代ローマ時代から国家とお金は度々戦ってきました。実はほぼ毎回剣を持っている国家が最終的に勝利しています。

日本の歴史も例外ではありません。江戸時代に堂島の米市を設立した淀屋という豪商がいました。堂島の米市は世界で最初の先物システムを導入した市場であり、当時の金融でも最先端に達しました。淀屋の総資産は現在の価値に換算すると300兆円に相当すると言われています。淀屋は米市だけはなく、いろいろな事業を手掛けていましたが、あまりにも力をつけたため、江戸幕府によって闕所《けっしょ》処分にされました。つまり、財産がすべて没収されてしまったのです。つまり、剣を持った者が、お金を持った者よりも強くて、力のバランスが変わることを許さなかったわけです。

今でもその構図は変わっていません。剣を持っているのは企業ではなく、国家そのものです。直近の出来事から例を挙げると、フェイスブックが開発しているデジタル通貨「リブラ」のローンチを米政府が止めました。ドルの覇権を揺るがす可能性があったからです。

中国のインターネット大手のアリババグループの金融子会社であるANTの上場を中国政府が止めたことも典型的な国家とお金の戦いの一つです。特に中国政府はその後、独占禁止法違反でアリババグループの調査に乗り出し、アリババの株価が暴落するという事件に発展しました。今後は江戸幕府が淀屋に行ったように、中国政府もアリババグループの会長であるジャック・マー氏の財産を没収するかもしれません。

不思議なことに中国は世界でキャッシュレスがもっとも進んでいる国の一つです。キャッシュレス化によって世の中が便利になる一方で個人の自由がなくなり、個人の財産がすべて国家の管理下におかれるリスクがあります。個人の自由と資本主義の継続を保証するために国家の監視を制限する規制作りも必要です。我々は歴史の大きな転換点の一つに直面していて、難しい課題にチャレンジしています。テクノロジーの発展によって豊かで開かれた自由な世界になるのか？　それともすべてを国家が監視しているディストピアになるのか？

この本ではお金と経済の歴史から今後のキャッシュレス世界の課題へのチャレンジを含む幅広いテーマについて解説しました。金融の知識がない人でも簡単に理解できる仕様になっていますので、いろいろな年齢層の読者が楽しんで新しい視点を獲得できる本になったのではないかと思います。是非最後までお読みください。

エミン・ユルマズ

# 新キャッシュレス時代
## 日本経済が再び世界をリードする

目次

## 第1章　コロナ・ショックで進む世界経済のブロック化

## 第2章　戦後最大の好景気が訪れる



## 第3章　通貨の歴史　お金の誕生から貨幣の登場まで

## 第4章　電子マネーと仮想通貨の登場

## 第5章　日本が世界をリードする時代

## 第6章　日経平均は2050年までに30万円に!!



カバーデザイン/大谷昌稔
編集協力/草野伸生

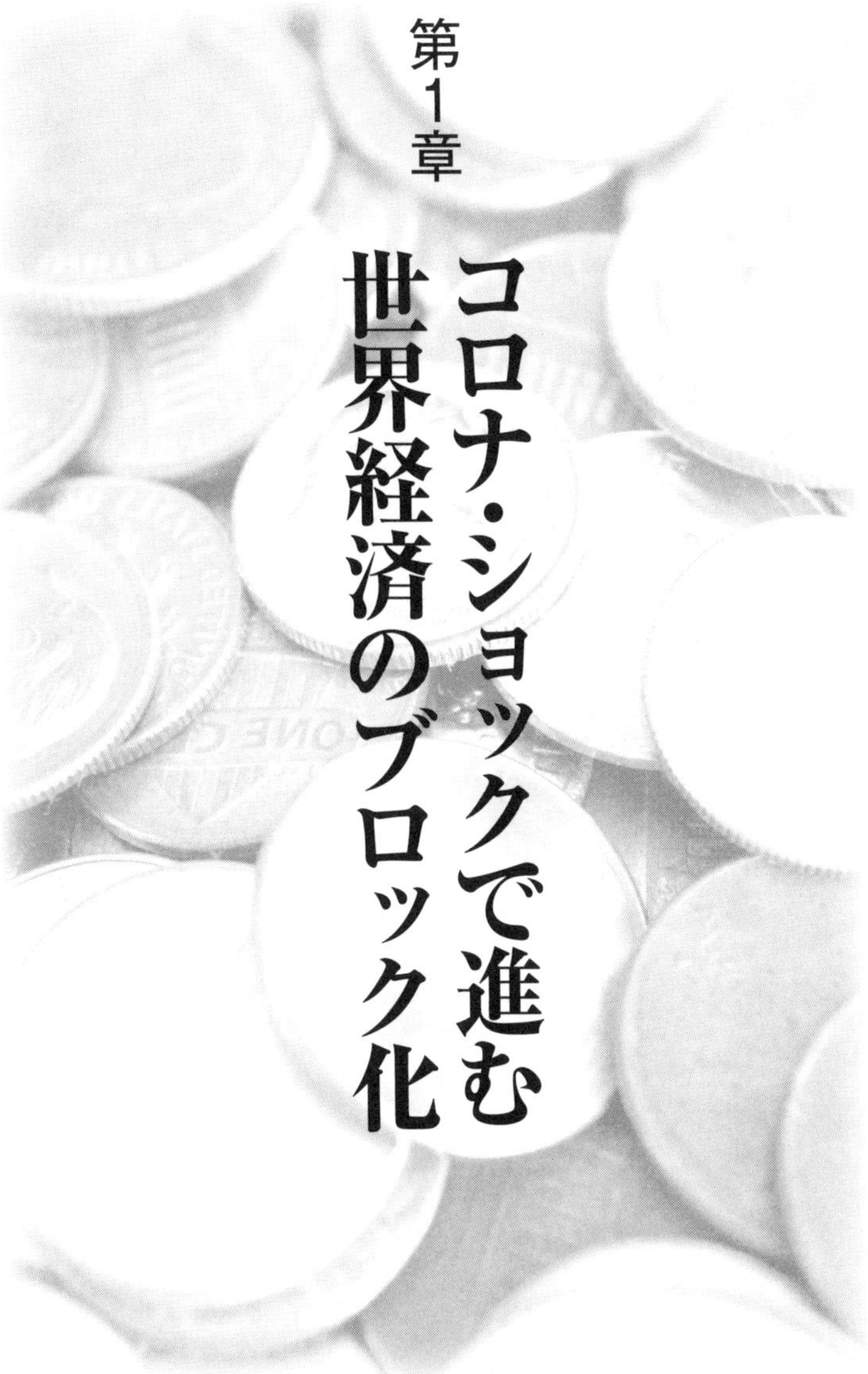

# 第1章
# コロナ・ショックで進む世界経済のブロック化

## 新型コロナによって世界は「超・新冷戦」の時代に

現在、テレビを点ければ、新型コロナに関するニュースを聞かない日はないので、「3密」「濃厚接触」「コロナ・ワクチン」といった言葉に多くの人が辟易していることだろう。それも子供から高齢者まで、地域を限定しない世界規模までの現象であるから、まさに世界は、これまで人類が経験したことのない未曾有の状態に置かれている。

従って、世界経済の行方のみならず、我々の近未来の姿を予測するには、未だ終息の兆しが見えないこの新型コロナの話を避けて通ることはできない。

私は「米中貿易戦争」を皮切りに、2018年秋ごろから「すでに世界は新冷戦時代に突入した」と述べてきた。しかし、2019年末、中国武漢で新型コロナが発生して以降、もはや事態は「新冷戦」を超え、文字通り「超・新冷戦」の状況を迎えたと、認識を新たにしている。

この新型コロナという目に見えない脅威は、世界経済のブロック化を加速させており、そうした意味で〝冷戦〟という言葉がふさわしいのかどうかさえ、私は少々疑問に思うようになったが、我々がかつて知っていた旧冷戦を超え、より深く激しい闘いが今起きていることは間違いのないところだ。

旧冷戦時代、世界は東側陣営と西側陣営に分かれ、とりわけ旧ソ連とアメリカの関係は悪かった。しかし敵対していたとは言え、「あなたの国が、ウイルスを撒いた」とか、「バイオテロをやっている」というような、強い口調で相手国を批判したことは、かつてない。また、米ソは冷戦で敵対しながらもナチスドイツに対してともに戦った同盟国だった過去があった。

ところが、現在のアメリカと中国の関係は冷戦下の米ソ関係より複雑である。両国のあいだで新型コロナを巡ってプロパガンダ抗争が起きてしまった。アメリカのトランプ前大統領は、「コロナはチャイニーズ・ウイルスだ」という言葉を再三使い、マイク・ポンペオ前国務長官は「武漢ウイルス」だと言って中国を痛烈に批判していた。

だが、こうした対中批判の強い言葉は、アメリカ共和党のティム・コットン、マルコ・ルビオなどが繰り返していた言葉で、当初からトランプ前大統領やポンペオ前国務長官が使っていたわけではなく、アメリカ国内で感染者が増えるにつれて、この両者は中国を名指しで批判するようになった。

これに対して中国は中国で、アメリカ軍が武漢にウイルスを持ってきたというプロパガンダを始めた。その結果、米中関係はさらに悪化することになったわけで、こうした状況は天安門事件以来のこと である。

実はさらに、中国がアメリカ国民を怒らせたことがある。中国の国営報道機関と言える新華社通信が、中国において医療器具や医療品を製造しているアメリカのいわゆるファーマシーメーカーをほぼ直接的に脅迫したからだ。

その証拠に、アメリカの代表的なファーマシーメーカーである3Mの中国工場の製品は、感染初期から中国当局に押さえられてしまい、中国から輸出されることはなかった。

あるいは、感染初期にアメリカは中国在住のアメリカ人を避難させるためにチャーター機を送った際、18トン程度のマスクなどの医療物資を届けており、日本からも援助物資が送られたが、中国が世界中でマスクなどを買いまくっていたことについても、中国はとりわけアメリカの不評を買った。

こうしたことに対して、上記のティム・コットン、マルコ・ルビオに加え、ウィスコンシン州のマイク・ギャラガー下院議員ら共和党の面々が、医療機器の中国への依存を停止すべきとの声を上げ、その法案提出が取り沙汰されるようになった。

また、対中強硬派として知られるピーター・ナバロ米大統領補佐官（当時）は、中国がマスクなどの個人用保護具の市場を独占して不当に利益を得ていると批判し、FOXニュース（2020年4月19日）に出演した際には、それまでの中国の動きについて「第一に、ウイルスは中国で生まれた。次に、彼らはウイルスを世界保健機関（ＷＨＯ）の保護のもとに隠蔽した。第三に、彼らは基本的に個人用保護具を買いだめし、今はそれで暴利を貪っている」と語っている。

一方、トランプ前政権が一枚岩であったかというと、そうでもない。

例えばスティーブン・ムニューシン前財務長官やトランプ政権で国家経済会議委員長を務めていたラリー・クドローなどは、今後の世界的な景気回復には中国の協力が欠かせないという立場をとっている。

中国に対しては強硬姿勢なのは共和党だけでもない。民主党もトーンが違うが態度は似ている。従って、トランプ前政権もしくはバイデン新政権が新型コロナの発生責任を今後どのように中国に求めていくのかは、まだわからないが、一部アメリカで、このウイルスによる経済的な被害を中国に求めようとする動きが、実際に起きていることは確かだ。ということは、アメリカのファーマシーメーカーに限らず、さまざまな製品が中国で作られなくなる事態が十分あり得るわけで、中国に進出していた多くの企業が次々に中国から生産拠点を移すことにもなるはずだ。

## 世界は20世紀に逆戻りする

今回の新型コロナ・ウイルスの発生によって世界は第二次世界大戦以来の〝戦時体制〟に入ったと言える。

アメリカのトランプ前大統領は度々、「我々は見えない敵と戦っている」とツイートし、自身のことを「ウォー・タイム・プレジデントだ」と言っていた。また、中国は中国で、習近平総書記がウイルスとの戦いを「ピープルズ・ウォー（人民戦争）だ」と言い、フランスのエマニュエル・マクロン大統領は、「フランスは今、戦争中だ」と言っているし、穏健なドイツのメルケル首相でさえ、「第二次世界大戦以来の国家的な危機だ」と言っている。

こうした表現が何を意味しているかと言うと、例えば、金融政策についても「バズーカ」という言葉が使われてきたように、言葉遣いにしても政治的なレトリックにしても、今後、これまでの30年間よりもかなりハードになっていくと思われる。

その端的な例が、アメリカが冷戦時代の１９５０年に制定した国防生産法（防衛生産法案）という連邦法を甦らせたことだ。この法律は、緊急時に政府が重要なセクターを直接的に統制できる権限を付与するというもので、これは、まさに冷戦時代に逆戻りする動きと言えよう。

さらに私は第一次世界大戦後、1929年に発生した世界恐慌を克服するために、アメリカで実施された、いわゆるニューディール政策に近いことが起こるのではないかと考えている。

未だに全世界でロックダウンが続いている。その結果、失業率が上昇し、大恐慌後にアメリカがフーバー・ダム（1931年着工、1935年竣工）を造ったように、国家規模の大型公共事業が増えるのではないだろうか。

そして、世界は技術的に発展していく産業がある一方で、20世紀に逆戻りするように思える。となれば必然的に、経済はグローバル化ではなく、アンチ・グローバル化、ブロック経済に傾倒していくはずだ。

では、こうした〝時代の逆行〟が日本にどう影響するのか。

日本がさまざまなモノの生産を中国に奪われていったのは事実である。例えば現在、任天堂がゲーム機の「ニンテンドースイッチ」を中国で作っているように、従来、日本企業自体も中国で大量に製品を生産してきたので、今まで日中間でそれは問題にならなかった。

しかし、今後さらに「メイド・イン・チャイナ」の製品がアメリカで売れなくなることも視野に入れておく必要がある。ただし、では中国がアメリカや日本など、世界各国と貿易せずに完全に鎖国するかといえば、それはあり得ない話で、実は、冷戦時代も東側と西側のあいだでは一応、貿易は行われていた。

また現在、問題になっているウクライナの天然ガスパイプラインは、旧ソ連崩壊（1989〜1991年）を間近にした1980年代に造られたもので、まだ冷戦時代ではあったが日本も技術を提供していたし、当時もヨーロッパ諸国はエネルギー資源を旧ソ連から買っていた。つまり、東西間で完全に貿易が止まっていたわけではなかったので、このことから推測しても中国と世界各国との貿易が完全に止まるわけではない。

とはいえ私は、世界貿易の関係は徐々に撤退、つまりデカップリング（切り離し）の方向に行くのではないかと考えており、特にアメリカ経済は中国への依存度がかなり高いので、米中間でデカップリングが加速すると思っている。

さらには、今回のコロナ・ショックに対して、先頃、アメリカが2兆ドルにも及ぶ大規模な経済対策を打ち出したことについても触れておく必要がある。

これはアメリカ国民のすべてに現金給付まで行うという施策だが、周知のとおり、アメリカは依然として医療・保険制度が疑問視され、問われている状況にあるので、2兆ドルのヘリコプター・マネーと医療・保険制度の不備を考えると、アメリカの国民は両者が矛盾しているように感じているに違いない。

するとアメリカ国民の大多数が、「やはり、ちょっとおかしいよね、この貧富の差は」という気持になるはずで、従来、左派的な人たちが主張していた政策がメインストリームになる可能性がある。そうなれば今後は、おそらくユニバーサルな健康管理、住居、教育などの充実をアメリカ国民が求めるようになる。これはバーニー・サンダース上院議員が主張していたことだ。

このような制度改革がメインストリームになってくるきっかけは、つまりはコロナ・ショックがもたらしたわけであるから、今回のパンデミック（感染爆発）は、世界の流れを大きく変える出来事だと言える。

薄々、私に見えていた世界的な変化の方向、それがどのような形で、どのようなタイムスケジュールで起きるのか、これまで見えなかったものが、今回のパンデミックによって見えてきた。約5年前から、機会がある度に話をしてきた「新冷戦」の正体がようやく可視化されたように思うし、おそらくこれがカタリスト、つまり世界の様々な変化を促進する触媒になっていくはずだ。

## コロナ禍によって習近平体制はより強固に

今回のコロナ禍は、国家的な危機を迎えた際、実はその強権的な政治制度が効率的に機能すること、そして図らずも中国共産党にとって自国の監視システムの有効性を証明することになった。一方にはコロナ禍によって中国共産党が崩壊するという見方もあるが、世界がデカップリングしていくと同時に、アメリカによる包囲網が中国を弱体化させていき、長期では〝中国崩壊〟の可能性はあるにしても、短期的には中国共産党はさらに強くなっていくと思われる。

アメリカのトランプ前大統領のエキセントリックなリーダーシップは、コロナ禍であまり役に立たなかったが、中国はポリシーがブレていない。中国は、国内は勿論のこと、他の国においても影響力を発揮している。

アメリカや欧米諸国が国内の問題にフォーカスするだけで精一杯という状況下、感染がいつ収まるかわからない中で新興国は大変な状況に陥っている。中国はそういった国々に援助物資を送り、ワクチンを送り、金銭的な援助も行っている。

つまり、中国は新興国への影響力を広げるとともに、欧米の民主主義よりも中国の体制のほうが優れているという、プロパガンダを展開する恰好の機会を得ることになった。

第二次世界大戦後、アメリカとソ連はすぐに対立していたわけではない。米ソはもともと同盟国であったし、東側陣営と西側陣営を分けていたベルリンの壁もすぐにできたわけではない。

時間が経つにつれて、どちらの統治制度がいいのかというイデオロギー的な対立から始まり、結果的にそれが激化して冷戦時代を迎えた。これと同じようなことが今後、起きるだろうし、もうすでに起き始めている。

習近平は感染当初、李克強首相にコロナ・ショックへの対応を委ねていたが、途中から自ら前面に出てすべて仕切るようになった。これは相当自信があってのことだったろうし、習近平政権にとって信任投票のような意味合いもあった。

従って、パンデミックやその後に地政学的な動きによって中国共産党が倒れるとか、革命が起きるようなことは、およそ考えられない。むしろ逆の流れになると思われる。なぜならば、中国の監視システムの優秀さが今回のコロナ禍でわかり、さらにバグや間違い、エラーも修正されているはずだからだ。つまり、中国はコロナ禍を契機に大きな社会的実験を行い、それがさらに中国共産党の支配力を強める結果を得たことになる。

ただし、中長期的には中国の経済的な弱体化は避けられないだろうし、かつての冷戦時代が甦るとみてよいだろう。それを先取りしたかのように、米中間の貿易合意が流れている。中国はアメリカから20兆円以上のモノを買うことになっていたが、この合意はもはや完璧に失効してしまった。この端的なデカップリングの経緯から見ても、米中間のプロパガンダ抗争にしても、情報戦争にしても当面続いていくと思われる。

## 〝中国発コロナ禍〟が台湾にもたらした災厄

一方、米中間のこうした事態に日本はどう絡んでいくのかという思惑が、さまざまに膨らむなか、興味深い出来事が２０２０年の春にあった。それは、麻生財務大臣のＷＨＯを批判した「(ＷＨＯは) 世界保健機構ではなく、中国保険機構じゃないのか」という、世界各地でも報じられた発言だ。

世界的に一般人はアジア人を一くくりにしがちなので、そこで、あえて麻生財務大臣は中国を公の場で批判し、日本と中国の違いを世界に伝えようとしたのかもしれない。しかし、この発言は、暗に従来の日本の親中的な政策の見直しを示しているので、日本もまた、政治的に大きな変化を余儀なくされるに違いない。

さらには今後、台湾も世界の衆目を集めることになるはずだ。その理由としては、

2020年5月、台湾がWHOの年次総会への参加を拒否され、これに対して世界的に批判が高まったことが挙げられる。

台湾は新型コロナ・ウイルスのパンデミック下で、WHO総会参加の緊急性が高まっていると主張し、これに対して中国は「一つの中国」の原則に基づき、台湾が中国領土の一部であることを受け入れれば台湾の参加を認めると主張した。しかし、台湾の与党民主進歩党（民進党）はこれを拒否するとともに、陳時中・衛生福利部部長（保健相に相当）は記者会見で、「そもそも存在しないことを受け入れることはできない」と強硬に述べたことが報じられている。

台湾は2009～2016年のあいだオブザーバーとしてWHO総会への参加が認められていたが、対中強硬派の蔡英文政権発足以降は参加が認められていない。また、台湾のWHO総会参加についてアメリカや日本が支持する考えを示しているものの、WHO自体は、台湾を総会に招待するか否かは、あくまでも加盟国が決める問題だとしている。

おそらく台湾は今後、中国が「一つの中国」を標榜している限り、さらには香港の「一国二制度」が実質的に反古にされたことを視野に入れても、よりインターナショナルな役割を与えられるだろう。

中国による香港への「国家安全法」導入をきっかけに、米中の対立が激化すれば、アメリカが台湾独立を認めることまで視野に入れたほうがいいだろう。

それにともない中国がもし軍事的なアクションを起こせば、米中は直接衝突することになり、中国に隣接する台湾は勿論、最近、中国の海洋覇権について抗議しているフィリピン、タイなどの東シナ海域の国々、そして日本を含む極東にも緊張が走ることになるわけで、これは何としてでも避けなければならない最悪のシナリオだ。

アメリカの親中派に目を移してみると、ニクソン、フォード時代に国務長官を務めたヘンリー・キッシンジャーが親中派の筆頭と言えるが、もう97歳の高齢に達していて、すでにかつての影響力はないと思われる。しかし、彼の立場から見ても今回の中国の振る舞いは、さすがに救い難いと映っているはずだろう。

一方、現在、米中間はコロナ禍を巡ってエスカレートしているものの、多くの局面で衝突するわけではなく、何らかの形で一度、状況が落ち着くシナリオも考えておく必要がある。バイデン政権誕生を受け、中国は米国との同盟国によって包囲されてしまうことを避けるため、戦狼外交を一旦止める可能性もある。

しかし、アンチ・グローバル化の観点から考えてみると、従来はいろいろな国籍の人たちが欧米諸国のグローバル企業で働くことができていたが、今後は出身地が問われることになり、移動の自由が失われていくだろう。米中関係が一旦改善しようが、しなかろうが、これは大きな流れである。

すでにアメリカでは医療機関や戦略的な産業分野から中国人が排除されている。アメリカの大学には中国人留学生が約18万人いるそうだが、これから彼らのビザ取得は難しくなる。それでアメリカの大学が経営的に困るようなことになれば、中国以外の国から留学生をさらに招聘するなり、そうした大学を国が支援すればいいだろう。そして、アメリカの教育・医療・保険などの分野について言えることは、バーニー・サンダースが主張していたようなことを、今後政権の舵を取る政党が行わざるを得なくなるということだ。

## 逆オイルショックをもたらしたサウジの原油価格抗争

ところで、サウジアラビアはなぜ原油価格抗争を仕掛け、逆オイルショックを起こしたのだろうか。

2020年3月、OPECプラスの会議がウィーンで開かれ、サウジはそこで減産の延長を提案して価格を維持しようとした。だが、これにロシアが反発し、その提案を受け入れなかった。するとサウジは、原油相場を握るために日量300万バレルという大幅な原油産出に踏み切った。

なぜ、サウジがこうしたことを行ったかという以前に、実はロシアの言い分のほうが正しかったことを踏まえておく必要がある。OPECプラスが生産調整をし、減産している間に、アメリカはずっとシェール・オイルを掘りまくり増産していたので、どんどん他国のシェアを奪っている状態だった。

従って、ロシアからしてみると、自分たちの市場シェアがアメリカに奪われるだけであるから、当然、減産など到底容認できないということになる。

では、こうした経緯をたどることを予測せずに、サウジがロシアに減産を提案したかというと、そう短絡的に捉えてはならない。サウジが原油価格を暴落させれば、アメリカのシェール・オイル関連企業は相当なダメージを受けることになる。それをアメリカがどう思うか。アメリカは怒らないかといえば、実は、サウジはアメリカの承諾を事前に得ていたと考えるほうが妥当だ。

サウジのムハンマド皇太子は、トランプ政権と非常に密接な関係にあった。彼はクーデター的な形でサウジ家の権力を自分に集中させることに成功したが、これはアメリカのバックアップがなければ不可能だった。従って、サウジがアメリカに事前に何も伝えずに原油価格抗争を仕掛けたとは思いにくいし、むしろサウジが、ロシアが到底容認できないような減産案をあえて提示して、ロシアに断らせたというのが、現実的なシナリオであったと思う。

結果的に、これはアメリカにとって痛みがともなうことだったが、アメリカのエネルギー産業はアメリカのGDPの中でそれほど大きなシェアを占めているわけではないので、それよりも不況が長引かないように原油安にしたほうが得策と判断したと思われる。

さらにアメリカは今後、中国からいわゆるサプライ・チェーン、生産拠点をアメリカ国内に戻す動きを加速させるだろうから、当然、エネルギーが安くないとコストが見合わないことになる。

こうしたことから、サウジが仕掛けた原油価格抗争は事前にアメリカが承諾していたと私は推測している。

## サウジが原油価格抗争を仕掛けたさらなる理由

サウジが原油価格抗争を仕掛けた理由は他にもある。それは、現在、サウジの原油生産量はアメリカに次いで世界2位であるが、アメリカが黙認するようであれば生産量を増やし、原油市場でシェアを伸ばすことによって、もう一度、産油国の中でリーダーシップを発揮したいという思惑だ。

サウジほど原油1バレル当たりの生産コストが低い国はない。5ドルから10ドルのあいだと言われていて、かなり低コストであり、どんどん増産できる。

そしてもう一つ、サウジには対立するイランを経済的に破綻させて、革命政権を転覆させたいという思惑もあるのではないかと私は推測している。

今回の新型コロナ・ウイルスのパンデミックによってイランもかなりのダメージを受け、その死者数は5万人を超えているが、情報統制が徹底しているイランの発表は信頼がおけるものでなく、実態は10万人以上かもしれない。

また、すでにイランの経済は破綻していて革命政権が揺らいでいると見られていることから、サウジには、この機会にイランを倒したいという狙いがあるように思う。これはアメリカとも利害が一致している。

ところでなぜイランが注目されるかというと、地政学的に極めて重要なところに位置しているからで、イランは現在、中国が重要な政策として進めている、いわゆる現代版シルクロード経済圏構想「一帯一路」の要所に当たるからだ。

今回のコロナ禍を巡って、ロシアと中国、そしてイランの三カ国が同盟を結ぶかのように、新型コロナ・ウイルスはアメリカがもたらしたという根拠のない主張を展開しているが、ここでロシアと中国側からイランを切り離すことができれば、アメリカはかなりの打撃をロシアと中国に与えることができる。

こうした理由から、イランの革命政権の早期転覆を狙っているサウジをアメリカが暗黙の裡に支援している可能性は否定できない。

実は同じようなことが過去にも起きたことがある。それは1977年のことで、イラン主導のOPEC加盟国が減産をしようと呼びかけたが、これにサウジが応じずに増産体制を維持し、原油価格が急落した。つまり、サウジが原油価格抗争を仕掛けたわけだが、これによってイランの経済が破綻し、結果的に1979年のイラン革命につながった。

1980年代に入ってイラン・イラク戦争が起きた。だがこれ以降、原油価格の下落が止まらなかったので、いったんサウジは減産に踏み切ったものの、原油がダブついてしまった。この影響をまともに受けたソ連は外貨をかなり失い、その結果、ソ連経済も80年代後半から危機に陥った。そして、これがソ連崩壊の引き金となったと私は見ている。

そうしたロシアは、今回も「1バレル＝30ドルになっても我々は10年耐えられる」と強気の姿勢を見せていたが、10年耐えられるかどうかはともかくとして、10年耐えたとしても、結局、ソ連は10年耐えて1991年12月に崩壊しているので、先頃、サウジが原油価格抗争を仕掛けた裏には、〝ロシア潰し〟という側面もあるように思える。

次に、原油価格の下落で恩恵を受けるところはどこかといえば、エネルギーが安くなれば中国も恩恵を受けるが、エネルギー資源を海外に依存している日本も大きな恩恵を受ける。

80年代に原油がダブついた際には、原油安が日本に活気をもたらして経済が非常に勢いづき、それによって80年代後半、バブルが発生した。

従って、今回のコロナ・ショックによる原油安も日本経済の復活につながるだろうし、金融的にもおそらく大きなバブルが日本にもたらされると、私は推測している。日本経済の復活については、後の章で詳しく述べることにしたい。

総じて言えることは、このコロナ・ショックのタイミングで、サウジがわざわざ原油価格抗争を仕掛けたのも偶然ではなく、「超・新冷戦」の一環だと理解したほうがいいだろう。

結果的に80年代の原油安がイラン革命につながり、ソ連崩壊につながったのと同様に、今回も世界経済に大きな変化がもたらされ、特に日本経済は原油安の恩恵に浴する可能性が大きい。

## アメリカとイランの攻防

2020年を振り返ってみると、コロナ・ショックばかりに終始した感があるが、年初来、他にもさまざまな出来事があった。1月のアメリカによるイランのソレイマニ司令官殺害から始まり、そのタイミングでイギリスがEUから離脱した。

アメリカのメディアによれば、ソレイマニ司令官はイランが支持するイラクの民兵組織とともに車両でバグダッド国際空港を出ようとしたところ、貨物ターミナルの近くで、アメリカ軍のドローン空爆を受けたという。

しかし、唐突にソレイマニ司令官を殺害したように見えるが、こうした事態に至るまでにいくつもの伏線があった。

司令官殺害直前の2019年12月31日～翌1月1日には、イラクの首都バグダッドのアメリカ大使館敷地内に群衆が乱入し、アメリカ軍と衝突する事態が発生しており、この大使館襲撃は同司令官の承認を得てのものだったと、アメリカ国防総省は見ていた。

また、この殺害計画完了後、アメリカ国防総省は「大統領の指示のもと、アメリカ軍はカセム・ソレイマニを殺害することで、在外アメリカ人を守るための断固たる防衛措置をとった」との声明を発表した。

「この攻撃はイランによる将来的な攻撃計画を抑止するのが目的だった。合衆国は今後も、世界のどこだろうと自国の国民と国益を守るために必要なあらゆる行動をとり続ける」と、極めて強硬な姿勢を示していた。

さらに遡ると、2019年6月にはホルムズ海峡沖でアメリカの無人機が撃墜されており、ボルトン大統領補佐官（当時）はトランプ大統領に、即刻報復するように訴えたが、大統領はボルトンの強硬路線に反対し、攻撃直前に報復を中止している。ちなみに、この時のボルトン大統領補佐官とトランプ大統領との意見不一致が、後のボルトン解任につながっていると、アメリカの多くのメディアは報じている。

その後、9月14日にはサウジの国営石油会社であるサウジアラムコのアブカイクとクライスの施設計19カ所が、ドローンと巡航ミサイルによって攻撃され、サウジはパニックに陥り、生産量の約6割に相当する日量570万バレルの石油生産が停止したと発表している。

アメリカとイランは、この〝真犯人〟を巡って激しい応酬を続け、トランプ前大統領はイランを名指しして報復を辞さない姿勢を示していたが、結局、この時も何もせずに終わり、しかも9月24日の国連演説では、「アメリカの目標は調和であり、終わりのない戦争を続けることではない」と発言していた。

アメリカ対イランの一連の対決の要因は、そもそも2018年5月にトランプ前政権がイランとの核合意から離脱したことにあった。これ以降、アメリカはイランに経済制裁をかけ続け、これに対してイランは合意に関わる制約を破棄し続ける形で、サウジを初めとして、周辺国に独自の戦略を展開してきた。

イランにしてみれば、依然として自国の核開発施設がアメリカ・イスラエル連合軍によって攻撃される可能性は払拭できないわけであるから、今後も可能な限り核合意を継続させようとするだろう。

そして、核合意の行方がどうなるにせよ、イランに対する経済制裁を緩和する道が容易に見つからない中にあって、アメリカが中東から距離を置こうとすれば、イランは着々と核開発を続け、核兵器保有の道を突き進むと思われる。

## イギリスのEU離脱でアンチ・グローバル化するEU

イギリスのEU離脱についてだが、イギリスといえばリベラリズム、グローバリズムを標榜する代表的な国であったわけで、そうした国がEUから離れるということは、EU自体のローカル化、アンチ・グローバル化を意味する。

イギリスがEUを離脱したことで、ネイティブな英語を用いる国としては、EU内にアイルランドしか残らなくなった。その結果、EUとアングロサクソン世界の関係が薄くなり、EU加盟国は、それぞれ独自に国を運営していこうということにもなるだろう。

特に、イギリスのEU離脱によって、従来、EUを牽引してきたドイツの影響力がより強くなってくるので、ドイツが自国の利害をどこの国と保とうするのか、その行方も今後、注視されるはずだ。

もちろん、EU加盟国は自由主義圏の国々なので、イデオロギー的に中国に傾倒していくとは思えない。だが、中国が2013年から標榜し、着々と進めている巨大な経済圏構想「一帯一路」の最終的な狙いはヨーロッパへの進出であるので、EU加盟国がアメリカのように反中的にならずに、中立的に中国寄りに動く可能性がある。すでに旧シルクロード上にある東ヨーロッパ諸国のほとんどが、「一帯一路」構想に呑み込まれている。

私はブレグジットも新冷戦が世界にもたらしたパラダイムシフトの一つだと考えているが、新冷戦によって恩恵を受ける国が二つある。それはトルコと日本である。

トルコはヨーロッパから近い上に賃金が安い。従って、さまざまな製造業において中国と競合してきた経緯はあるが、今後、多くの生産設備がトルコに集中することになるだろう。ただし、その条件はイスラム主義のエルドアン現政権が早期に交代することである。政権交代にともなってヨーロッパ諸国のトルコへの投資は加速するはずである。つまり、ヨーロッパはトルコを味方にして相当強くなっていき、トルコはその恩恵を大きく受けると予測している。

もう一つの日本の場合は、ヨーロッパに進出していたサプライ・チェーンの多くが日本に戻ってくるので、当然、日本がフロントラインになり、地政学的に交渉力が高まるので、かなりの恩恵を受けることになるだろう。

## アメリカ主導の大規模軍事演習はロシアと中国へのメッセージ

２０１９年11月にバーレーン沖のペルシャ湾でアメリカ軍が主導する国際海事演習「ＩＭＦ」が実施され、この演習には50余りに上る国が参加した。

アメリカは、この演習の直前にホルムズ海峡などを通過する船舶の安全を確保するための有志連合の司令部をバーレーンに立ち上げている。これはペルシャ湾がアメリカと同盟関係にあるアラブ湾岸諸国にとって防衛の要になっているからで、アメリカはバーレーンに中東地域を管轄する第５艦隊の司令部を置いている。

ペルシャ湾付近の海域では、これまで何度となくタンカーが攻撃されており、２０１９年６月には日本のタンカーも攻撃されている。アメリカはいずれの攻撃も背後にイランが関与していると見ているが、イランは完全に否定している。結局、真相はわからないままだ。

こうした大規模な演習をアメリカが主導して行ってきた理由は、イランがアメリカとの緊張が高まるとホルムズ海峡の封鎖も辞さない姿勢を度々示してきたからだ。この演習の本意は、要するにロシアに対するメッセージであり、間接的には中国に対するメッセージである。

先の項でサウジが原油価格抗争を仕掛けた際、ロシアは「1バレル＝30ドルになっても我々は10年耐えられる」と強気の姿勢を見せたことに触れた。そもそもロシアがなぜ、そのようなことが言えたのかというと、一つの理由はバックに中国がいるからだ。中国には資金も技術も、生産設備もあるからだ。

そして、もう一つの理由は、何らかの軍事的な衝突が起きた場合、中国のエネルギールートがアメリカ海軍によって閉鎖される可能性があり、そうなると中国はロシアの資源にかなり依存せざるを得なくなるからだ。また、例えばイランで革命が起きて、その体制がアメリカ寄りになれば、中国はイランから原油が調達できなくなることも理由として考えられる。

つまり、ロシアと中国は依存し合う関係にあるということだ。だが、実は旧ソ連時代、両国は敵対していたので、ロシア人は中国共産党があまり好きではない。ただし現在の世界情勢を考えれば、プーチン政権も習近平政権も当面依存し合っていたほうが得策と判断

## ■世界に残る独裁国家一覧

| | |
|---|---|
| アルゼンバイジャン | 新アルゼンバイジャン党の党首イルハム・アリエフが事実上の独裁者として君臨する。 |
| イラン | 1989年よりアリー・ハーメネイーが「最高指導者」とよばれるイスラムの法学者となってから、事実上独裁体制を築く。 |
| ウズベキスタン | 旧ソ連から独立してイスラム・カリモフが権力集約し、2016年より後継者シャヴカト・ミルズィヤエフが大統領に就任して独裁体制を継続している。 |
| エジプト | 30年以上の長期独裁政権を握ったムバラクが、アラブの春で2011年退陣。その後アッ＝シーシーが権力を握る。 |
| エリトリア | アフリカの北朝鮮とよばれる。民主正義人民戦線が一党独裁体制を築き、イサイアス・アフェウェルキが1993年以降権力を掌握。 |
| カメルーン | 1982年以降、ポール・ビヤが独裁権力を握る。 |
| カンボジア | 1998年よりフン・セン政権による独裁国家となる。 |
| 北朝鮮 | 建国者の金日成政権から世襲が行なわれており、現在金正恩が政権を握る。最高指揮官として国家、軍、政党を兼職しているため権力が個人に集中している。 |
| チャド | 1990年よりイドリス・デビが世界有数の腐敗大国ともよばれる独裁を続ける。 |
| 中国 | 中国共産党による一党独裁国家。習近平が実権を握る。 |
| トルクメニスタン | トルクメニスタン民主党のニヤゾフが2006年急死後、グルバングル・ベルディムハメドフが継承した。 |
| ベトナム | 社会主義体制をとり、ベトナム共産党による一党独裁体制。 |
| ベネズエラ | ウゴ・チャベスが2013年急死後、ニコラス・マドゥロが大統領となった。 |
| ベラルーシ | 1994年以降、アレクサンドル・ルカシェンコが大統領となり政権を担う。 |

しているわけだ。

このように考えるとロシアと中国がパワフルなブロック経済圏を形成しようとしているなか、特に独裁政権の小国家は欧米から支援を受けられないので、中国に呑み込まれてしまう可能性が大きい。

中央アジアのカザフスタン、ウズベキスタン他、アフリカのカメルーンやルワンダ他、東欧のベラルーシ他、東南アジアのカンボジア等々の国々がそうだ。

また、対外債務の4分の1を中国に負っているパキスタンもその代表例で、パキスタンは現在、ＩＭＦ（世界銀行）に援助を要請しているものの、アメリカが、ＩＭＦが貸した資金は中国の借金返済に充当してはいけないという条件を出しているので、非常に困窮している状況にある。

とはいえ、債務超過の国々を欧米諸国が救済することもできないし、中国一国では限界があるので、その役割が相当日本に回されてくる可能性が高い。

２０１９年7月、アフリカ大陸自由経済圏が発足し、その後の第1回アフリカ会議に日本も参加している。道路や鉄道などのインフラが不十分なこと、成長と統合を妨げてきた社会システムなど、多くの課題を抱えているこの地域に日本が貢献できる分野は相当に広いと思われる。

アフリカ各国のみならず欧米諸国からの期待も大きいので、日本にとっては、戦後続いてきた敗戦国の扱いから抜け出せる歴史的なチャンスになるかもしれない。

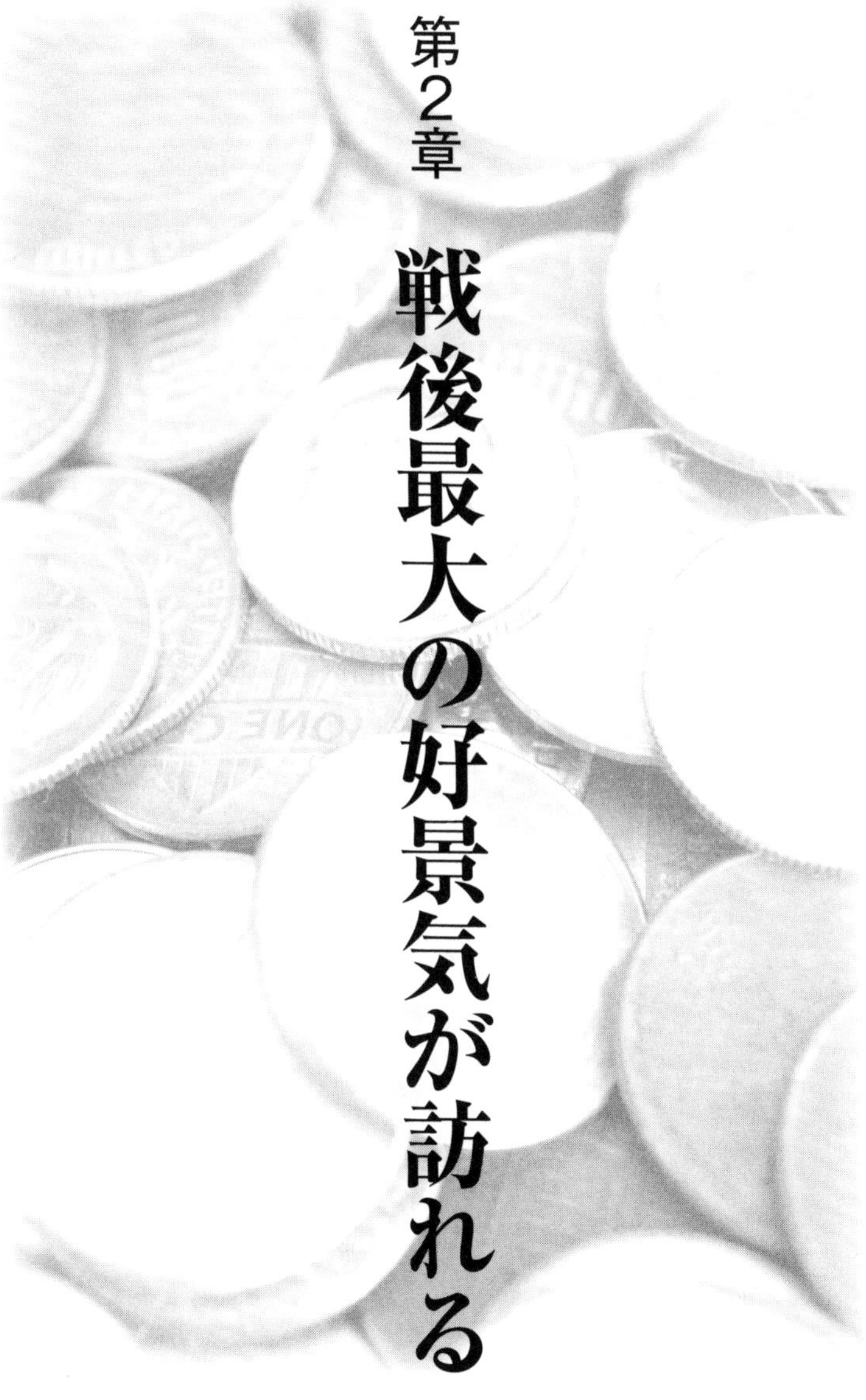

# 第2章

# 戦後最大の好景気が訪れる

## コロナ禍をきっかけとした経済危機は起こらなかった

新型コロナ・ウイルスの発生が叫ばれ初めて以降、株価が急速に下がったので、経済危機がドミノ現象のようになって世界中に起きるのではないかという懸念が、特に株式投資家のあいだで広がった。

書店に行くとコロナクライシス、新型コロナ恐慌、コロナ大恐慌などの文字を配した本が2020年の5月から6月に並んだ。私は以前から大きな経済危機は起こらないと予測していたし、機会あるたびにそう述べてきた。

なぜならば、経済危機を回避するための大規模な経済対策をアメリカもヨーロッパ諸国なども打ってきたからである。

これまでの経済危機を振り返ってみると、3つのレベルに分かれる。

2012年のギリシャ危機、2015年のチャイナ・ショックのような経済危機がレベル1くらいで、株価は10%~30%くらい下がる。

レベル2は、よりグローバルな経済危機でリーマン・ショックに喩《たと》えられ、株価はだいたい半値になる。

レベル3は滅多に起きない経済危機であり、1929年の大恐慌がこれに該当する。そして、コロナ禍による経済危機に話を戻すと、多くのメディアが今回は「リーマン・ショックに次ぐ戦後2番目の経済危機」と報じていたが、私は、数字上は確かに戦後2番目の経済危機であるものの、それが大規模な危機につながるという、ネガティブな見方には否定的であった。

確かに主要国の景気先行指数は瞬間的に下がって、下げ幅もリーマン・ショック並みだった。だがリーマンと違って底打ちも早かった。

IMFによるとG20のメンバー国がコロナ・ショックの発生から3カ月間で行ったローンや政府保証を除く財政出動はGDPの4・6%を上回る。リーマン・ショックの時に2008年から2010年までの3年間合計の財政出動はGDPの4・3%であった。つまり、リーマンの時に3年かけてやった景気対策を世界主要国は3カ月でやった。リーマン・ショック後の株価の回復に3年かかったが、今回は3カ月で元に戻っているのもこのためである。

また、世界の主要中銀は前代未聞の金融緩和に踏み切った。FRBの総資産は3カ月で3兆ドル（約330兆円も増え、足元で7・1兆ドル（770兆円）を超え、日銀とECBも大規模な金融緩和を実施した。日米欧の中央銀行の総資産は10年前に比べ3倍に膨らんできた。

今回、相場が早期に回復したもう一つの理由は早期のワクチン開発への期待である。日経新聞によれば新型コロナに関係する研究論文は5月時点で1万本を超えた。2002年に流行ったSARSの時は7カ月経過時点で論文の数は100程度だった。ワクチンや治療薬の開発はかつての米ソの宇宙開発競争にようになってきている面もある。米中新冷戦でワクチンを一早く開発し、同盟国に配布した国が勝利を得るので、研究論文も数も中国と米国がトップである。

2008年のリーマン・ショックの際に、世界の景気回復を主導したのは中国だったが、今回の景気回復を主導するのは米国である。財政出動も金融緩和も米国がダントツの1位である。当然ながらアメリカ主導の世界景気回復になるはずで、米国は次第に好景気になり、日本を含む米国の主要な同盟国もその恩恵を受けることになるだろう。

## 日本経済は確実に回復していく

ここまで大規模な財政出動をして、金融緩和をするということはお金をジャブジャブに刷って、市場に流すということである。これはいつかハイパーインフレに繋がるのではないかとの懸念がある。ハイパーインフレにはならないが、次第にインフレが発生すると考える。

しかし、マイルドなインフレは悪いインフレではない。先進国経済は長年デフレ基調にあり、現在もデフレの状態にあるので、景気をよくするためには、もともと若干インフレを起こす必要があった。

ところで、2019年6月に金融庁が出した『高齢社会における資産形成・管理』という報告書を巡って、「老後2000万円問題」が物議を醸したことを記憶しておられる方も多いだろう。

ちなみに、この報告書には「夫が65歳以上、妻が60歳以上の無職夫婦の場合、総務省の家計調査から計算した結果、月々の年金などの収入から生活費を差し引くと毎月5万円の不足（赤字）が生じ、今後20～30年で1300万～2000万円の資金が必要になる」と記されていた。

要は、この報告書の内容は、庶民感覚からすれば「100歳まで生きたら2000万円でも足りない」「どうやって2000万円を貯めろと言うんだ」という感じだったわけで、「官僚が考えることはこの程度か」と、特に定年を前にした人たちの反発を買ったのも頷ける話である。

以前は、なぜ高齢者が順調にお金を蓄えることができていたかというと、預貯金に5〜6%の金利が付いていていたからだ。しかし今はゼロ金利の時代で、金融機関に預けているのとタンス預金とのあいだに差はほとんどない。

日本銀行の発表によると、2019年12月末の家計の金融資産残高は1903兆円に上り、その53%に当たる1008兆円が現預金となっており、金利がほとんど付かないのに、いかに日本人が〝貯蓄好き〟かがうかがえる。

■2019年12月末
家計の金融資産残高の
構成比

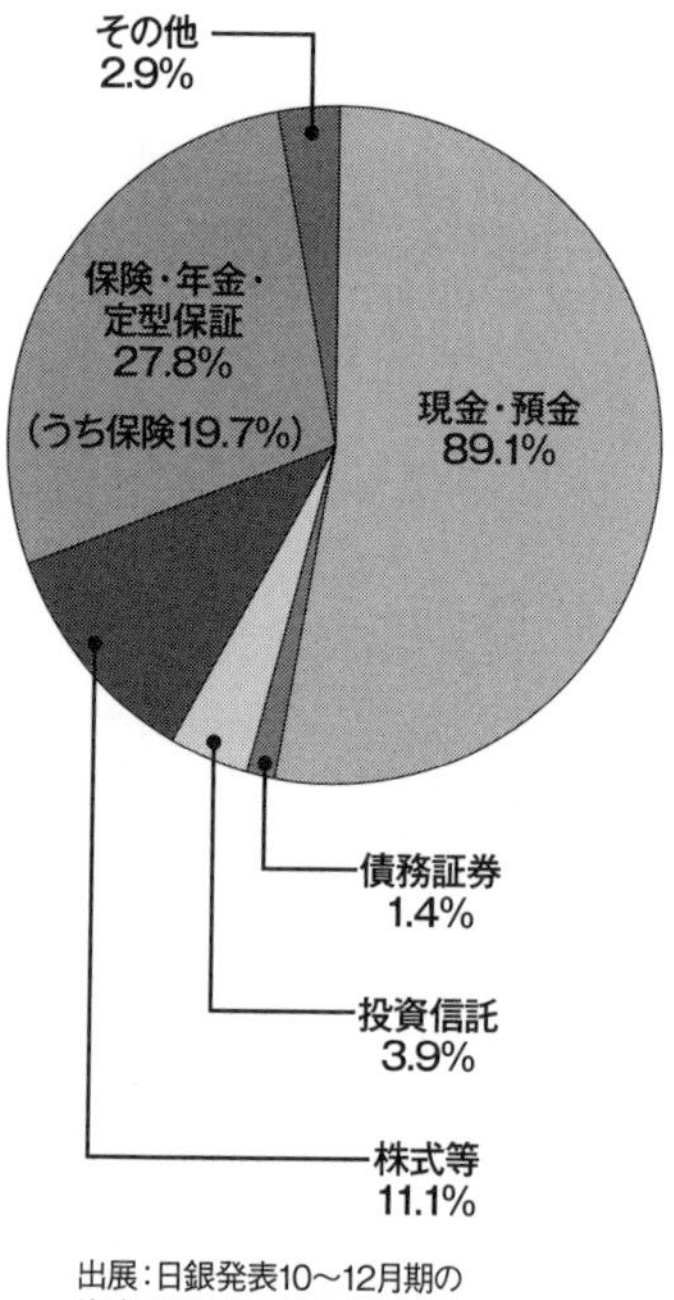


出展：日銀発表10〜12月期の
資金循環統計に基いて作成。

そして随分前から、この巨額の個人金融資産を市場に還流させなければ、本当の意味での景気回復はないとして政府日銀は金融緩和政策を打ってきたわけで、2020年4月27日には金融政策決定会合を開き、コロナ禍による経済の先行きを鑑みて、長期金利の上昇を抑えるために国債を制限なく必要な量を購入することを決定した。社債などの買い入れ枠は合計20兆円と従来の3倍近くに増やすという。

従って、こうした政策をきっかけにそう遠くない未来にインフレの時代が訪れるはずである。すると必然的に現金が目減りし、株、不動産やその他のリスク資産は大きく上昇する。今まで預金好きだった日本人も投資をしなければいけなくなる。デフレ時代は現金がキングだった。今後は現金の価値がどんどん下がっていく。キャッシュ・イズ・キングの時代が終わった。

## 今までの見方では世界の政治・経済は語れない

これからの世界は、コロナ禍をきっかけとしてアンチ・グローバル化していき、政治は内政重視に、経済は内需重視になっていく。その予兆がアメリカと中国の貿易摩擦であり、イギリスのEU離脱であり、中国の香港における実質的な「一国二制度」の廃棄、ロシアのプーチン政権長期化への動き等々である。

我々は、未だコロナ禍の渦中にあって、今まさにそうした世界の胎動の只中に置かれようとしている。これからの政治や経済の変化を予測しようとする際、従来のようには語ることができない。

知的財産の話に例を取れば、ソフトバンクグループが2020年5月18日、1兆9313億円もの損益を計上したことを発表して話題になった。これも時代の大きな流れという他ない。

新型コロナ・ウイルス感染拡大の影響で、テック関連の新興企業に投資していた10兆円規模のSVFファンド（SoftBank Vision Fund）の投資先の市場価値が下落したことが響いたという。これまでは、シリコンバレーの企業群は高く評価され、インド人と中国人が多く働いていたが、トランプ政権が知的財産の流出を防ぐ策を講じたため、すでにコロナ禍以前からこの流れは変化している。特に中国人はビザが取得しづらくなり、従来のように自由にシリコンバレーで働けなくなった。

ソフトバンクはグローバル化がもたらした経済環境で成長していき、国境やイデオロギーにとらわれないで投資をしてきた。しかし、もはや世界はソフトバンクが活躍した世界とは違う世界になってきている。今まで問題視されなかったソフトバンクの中国投資は今後大きな荷物になる可能性がある。

総じて、世界は20世紀に戻りつつあると言えるが、人間は常に前進しようとしているので、ある期間だけを区切って、その期間の良し悪しを判断するには無理がある。また、政治体制であれ、経済のシステムであれ、民主主義的、自由主義的な個人の自由を大事にする環境（国家や地域）で生活したいと思っていても、一方には、統制されたディストピア的な環境（監視国家）が存在している。

中国は確かに一党独裁体制の国ではあるが、毛沢東の時代も鄧小平の時代も修正社会主義を標榜していたので、純粋に共産主義国家なのかというとやや異なる。とりわけ鄧小平の時代から資本主義経済を取り入れ始めているので、その変貌ぶりを振り返ると、中華思想を中心に置いた〝新しい形の社会主義国家〟になったと言えるかもしれない。

第3章

# 通貨の歴史
## お金の誕生から貨幣の登場まで

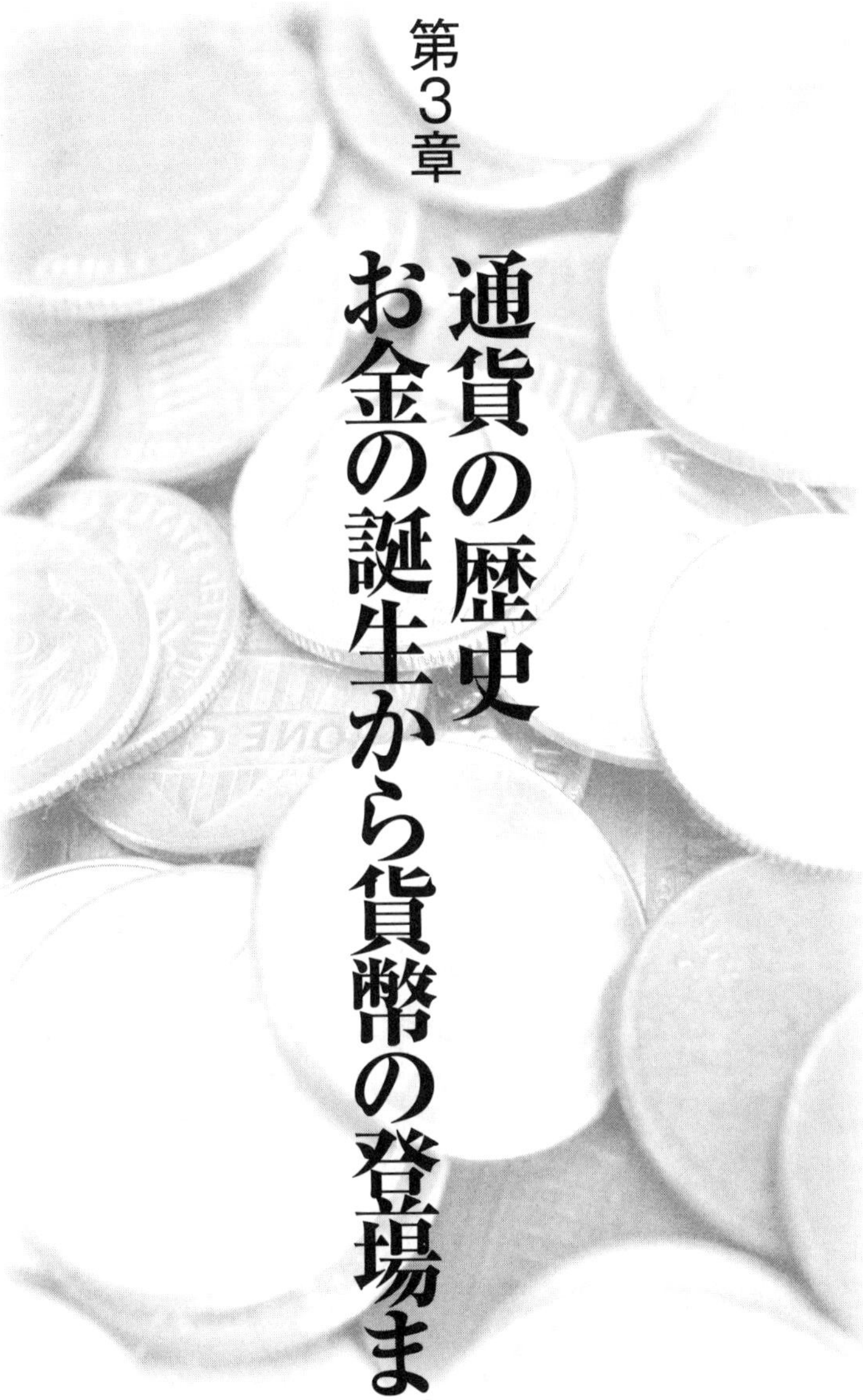

## 進むキャッシュレス化

今の世の中で、よほどの未開の地に住んでいる人たちや幼い子供たちを除いて、なんらかの電子カードを持っていないという人はいないだろう。銀行に行く時、電車に乗る時、買い物をする時など、ほとんどの人がカードを使用している。それも多種多彩で、財布のカード入れにズラリとカードが並んでいる光景をよく目にする。

従来の電車やバスの定期券は磁気カードだったし、現在、交通機関で使用できるＳｕｉｃａやＰＡＳＵＭＯはＩＣカードである。ＩＣカードであるためコンビニや自販機でも使える。コンビニチェーンは独自のサービスカードを提供していて、百貨店や飲食店の系列、あらゆる物販業者、そしてＪＣＢ、ＶＩＳＡ、ＭＡＳＴＥＲなどのクレジットカードを含めれば、一体どれほどの種類のカードがあるかという感じだ。

こうしたカードは確かに人々の生活を便利にしてくれているし、最近では決済手続きの方法としてパスワード、ＱＲコード、指紋認証、果ては顔認証まで登場していて、キャッシュレス化が急速に進んでいる上に、すでにビットコインなどの仮想通貨も使われている。

また、携帯電話の位置情報、企業などで入館・入室時に使われている個人認証用のカードキー、あのフィンランドのノキア社の社員が、個人認証用ICチップを手の親指と人差し指のあいだに埋め込んでいることなどを考えると、移動通信システムの第5世代（5G）への移行、さらには6Gの開発はもはや必然とされているなか、我々は、すでに過去に想像していたSFの世界に置かれているのかもしれない。

従って、移動通信システムは経済活動と密接不可分に進展していくはずであるから、今後、キャッシュレス化がどのように変化していくのかを知るためにも、古代からの貨幣の歴史とそのシステムを一度紐解いておく必要があるだろう。

通貨の歴史を振り返ると、最初の通貨革命は遥か昔のコインの誕生、2回目の通貨革命は紙幣と中世ルネッサンス期の銀行の誕生、3回目の通貨革命は現在の電子マネーの登場である。そこで、まずは一気に紀元前の物々交換の時代までさかのぼってみることにしよう。

## お金は、どのようにして生まれたのか？

お金は、世界最古の文明とされている紀元前約3000年の古代メソポタミア文明の時に似たようなものがあったとされており、世界各地には、お金のように使われていたものがあった。

アステカ文明の時代はカカオ豆がお金の代わりになっていた。カカオは薬効があり、媚薬としても使われていたので貴重で価値が高かったというのが、その理由だ。

しかし、100％完全にお金として使われていたわけではなく、開かれていたバザールなどで物々交換の補助として使われていたとされている。例えば、ミルクと果物を交換する場合、ミルクの価値が6で果物の価値が5だったとすれば、その差1つ分をカカオ豆で渡すというような使われ方だった。

ヨーロッパからスペイン人が渡ってきて、アステカの船を捕獲した際、彼らは船にあった黒いカカオ豆が通貨の代わりに使われているとは気づかずに、それをウサギのフンだと思って捨てたというが、このことからカカオ豆がアステカでしか通用しなかった一種の通貨だったことがわかる。

カカオ豆と似たようなものとしては、インドの場合はアーモンド、南米はコーン、北欧のノルウェーなどはバター、日本や東南アジアの場合は米がお金の代わりに使われていた。

また、中国や北アフリカやアラビア半島では塩が使われていて、アフリカのサハラ砂漠で採ってきた岩塩は、小さな粒にできることから価値が高かったという。実際、「サラリー」という言葉はラテン語の塩に由来しており、ローマ時代、軍人の給料の一部を塩で払っていた。語源で、もう一つ興味深い例を挙げると「キャピタル（資本）」がそうだ。キャピタルはキャトルという言葉が語源で、キャトルとは家畜のことを指す。

このように歴史を紐解いていくと、それぞれの文明や地域においてお金の代わりになるものが登場していたわけで、ある社会が「これをモノと交換できることにする」と決め、このことをそこで暮らす人たち皆が認識していれば、そのモノ自体が通貨の機能を果たしたということだ。

例えば、昔フロリダ州の刑務所では、ハニーバーンズというお菓子（クッキー）が、囚人同士の取引やギャンブルに使われていたそうである。また、トイレットペーパーやたばこもギャンブルで賭けられていたようである。つまり、通貨とは社会的・経済的システムに合った形で機能し、必要とするものと言うことができる。

## どこでお金は生まれたのか？

では、私たちが知っている形のお金はどこで生まれたかのか。現在のトルコの西部にあったリディア王国で、今から約２６００年前の紀元前６４０～６３０年に誕生している。

この王国に暮らす人たちが、エレクトロンもしくはエレクトラムという金銀合金のコインを作った。その両側にライオンの頭を付けて、これを通貨として利用していた。

エレクトラム硬貨の特徴は金《きん》が使われていたことで、金《きん》は銅や銀と違い、そのまま置いていても酸化しないし腐蝕しない。

その機能は、貨幣として誰でもわかるように標準化・単位化され、リディア王国内ではその価値が補償されていたので、いつでもこのエレクトラム硬貨で買い物をすることができた。

金《きん》は文字通り金色に輝いているので、たぶんエジプトなどでは太陽神のイメージを抱いたのだろうし、インカの場合は金《きん》を太陽の汗、銀を月の汗と表現していたという。ちなみにインカの末裔のあいだでは、今でもお祝いの時などに、金色や銀色の紙を風にたなびかせる風習が残っているが、これは昔からの習わしだそうだ。

リディア王国は、お金の仕組みを作り大いに栄えた。クロイソスというリディアの王様はこの上ないほどの大金持ちになったので、今なおトルコやアラブ、中東には「クロイソスほどのお金持ち」という表現が残っているくらいだ。

この王国はどのような経済を作り上げたかというと、オリーブオ

世界最古のコインとされる
エレクトラム硬貨

イルや香水、高級なジュエリーなどが作られ、世界初とされているショッピングモール的なマーケットでそれらが商いされた。その近くに、やはり世界初とされている売春宿ができ、さらにはカジノが設けられていた。

また、リディア人はお金だけでなくサイコロを発明したとも言われている。つまり、ギャンブルを体系化したとされている。あるいは女性が商売で稼げるようになり、そのお陰で強くなった女性は旦那を選ぶことができたそうだ。こうしたことから、リディア人は経済活動の延長線上にある人間の基本的な欲求を満たすシステムを、世界で最初に作り上げた人たちだったと言えよう。

ただし、栄華を極めたリディアではあったが、その勢いに乗ってペルシャを攻めまくったものの、結局は敗戦の憂き目に遭い紀元前547年に滅亡してしまった。

## 古代ギリシャでお金の習慣が進化した

リディア王国は亡くなったが、その後、お金の習慣は隣国のギリシャへ移っていった。ギリシャはスムーズにお金のシステムを取り入れることができたので著しく発展し、今日まで遺跡として伝わっている建築・土木、あるいは哲学や芸術などの文化を形成することができた。

お金が潤沢になければ国も文化も発展を遂げることができなかったわけで、ひとえにお金が豊かだったがゆえにギリシャは繁栄したと言える。

また、お金を扱うには当然、計算しなくてはならないので、哲学者であり数学者であったピタゴラスに代表されるように、ギリシャで数学が発展したことも頷《うなず》ける話だ。

さらには、エコノミックス（経済）という言葉がギリシャ語のオイコノミクスに由来していることから推測すれば、マネタリー・システムがギリシャで上手く機能していことも窺《うかが》い知れるし、ギリシャ人の思考はおそらく合理的だっただろう。

こうした歴史を振り返って、お金のシステムによって何がもたらされたかというと、人類の発展段階を追っていけば、家族・親戚同士の集まりから始まり、小さい村や町、都市が生まれ、さらには国家群のようなものが形成され、それぞれに階級制度や貴族制度が設けられ、日本の場合であれば大名制度や知行制度、士農工商のような階級制度、あるいは洋の東西を問わずに各国・地域・都市などが軍事力を保持するようになった。

しかし、お金が潤沢なところ（国・地域・都市など）は比較的に身軽であって、一応お金のシステムによって人々がつながっていたので、基本的にあまり複雑な制度や官僚組織、軍事組織などを作る必要はなかった。

もう一つ、お金の誕生とそのシステムの発展によって生まれたものがある。

昔はお金であれモノであれ、何か交換するものを持っていないと、自分が必要とするものは手に入らなかったが、目に見えないものを現金化することができるようになった。例えば自分の知恵や労力が売れるようになり、人類初のそうしたサービス・セクターは古代ギリシャで生まれている。

私は人類の営みを大きく変えたものは3つあると考えている。

1つ目は農業の誕生であり、今から約1万年前に、現在のトルコの南東部に位置するシリア北西部あたりで初めて小麦栽培が始まり、ここからメソポタミア文明が生まれた。2つ目はお金の発明であり、先述したとおり史上初の貨幣はリディア王国で誕生している。そして、3番目がインターネットである。以上の3つが人類に大きな革命をもたらしたと言える。

## 軍事大国のローマはお金以外のモノはほとんど作っていなかった

ローマ時代を迎えると、古代ギリシャから伝承されたお金の習慣に倣《なら》って、紀元前269年にデナリウスというシルバー・コイン（銀貨）が誕生した。このコインには、ローマで女性の結婚生活を守護し、結婚・出産・育児を象徴する女神ユノが刻まれていて、ユノの神殿で鋳造・発行していたと言われている。

ユノの神殿の周囲にはカモがたくさん棲んでおり、敵が近づくとカモが騒ぐので、それが警告の役目を果たしていたという。警告のことをモネタと言い、モネーロ（忠告）を意味することからユノ・モネータという言葉がうまれ、これがマネーという言葉に変化したとされている。また、コインが女神ユノと関係していたからだろうか、ローマでは、お金は女性的なものとして見なされていたようだ。

ローマ時代の銀貨・デナリウス

興味深いのは、基本的にローマは軍事国家で、農作物を除きお金以外のものはほとんど作っていなかったことだ。強大な軍事力によって他国を支配し、そこから得た富を銀貨に換え、自分たちが欲するモノを手に入れるために使った。

例えば、インドからスパイスが、中国からシルクがローマに運び込まれ、逆にインドと中国にはローマから銀貨がどんどん流れたので、当時のインドと中国は栄えた。つまり、この基本的な構図は現代の構図とまったく同じである。当然ながらアメリカ大陸発見後のスペイン、ポルトガル、オランダの覇権主義、あるいは大英帝国時代のパックス・ブリタニカとも構図が一緒である。

しかし、ローマといえども次第に征服するところがなくなった。当然、富が日減りしていき、農作物以外、自国で生産・製造しているモノがほとんどなかったので、国難に陥ってしまう。

江戸時代、時代を経るにつれ、
小判はどんどん小さくなっていく

仕方なく今度は何をしたかと言うと、銀貨に含まれている銀の割合を下げ始める。これを最初に行ったのは皇帝ネロの時代（紀元後54～68年）だったと言われている。

紀元後64年に銀の含有率を下げ始め、紀元後２００年頃になるとそれが67％になった。そこからさらに60年経った頃には、銀の含有率は５％以下にまで下がり、ローマが滅亡する頃には１５０分の１になっていたと言われている。

このように貨幣自体の価値が下がったこともローマが滅亡した要因だが、最大の要因はインフレが発生して経済システムが壊れたからだ。

日本でも江戸時代に似たようなことが起きている。

大判小判は江戸時代の通貨であったが、１６９５年と１７０６年に幕府の赤字を埋めるためにマネーサプライを増やしたものの、通貨の価値が下がり（通貨に含まれる金の量が減少し）、インフレが発生した。また、1715年には金の量を増やしたことによってデフレが発生している。

徳川幕府はマネーサプライを1819年～1829年に60％増やし、1832年～1837年に20％増やした。これによって国民生活を直撃するインフレが発生し、物価が倍増した。江戸時代が終わった背景には、こうした経済的な理由もあったとされている。

実は私の出身国であるトルコの前身であるオスマン帝国が衰退して崩壊した背景にも18世紀におきた地中海世界のインフレがある。このように歴史の流れを大きく変える出来事の背景に経済的な理由があること多い。

経済が崩壊していく現象は今でもいろいろな国・地域で起きているが、国・地域の財政が逼迫すると、どんどん税金を上げていくのが常で、これは耳が痛い話とはいえ、どこの国・地域も同じで、今の日本も同様だ。

ローマの場合に話を戻す。

ローマは最初、土地税を徴収し、それでも足りなくなって今日の消費税に当たる販売税を設け、さらには住民税、人頭税（納税能力に関係なくすべての国民1人につき一定額を課す税金）まで徴収した。

こうした税制を敷いていれば、庶民は税金を払えなくなる。特に農民の場合は土地を売って別のところへ移動したくなるのは当然の流れだった。しかし、農民が大量に移動すると、穀物が足りなくなるので、ローマは土地の売却と移動を禁止してしまい、これが中世ヨーロッパの農奴制につながったのではないかと言われている。

結局、西ローマは476年に滅亡し、古代のお金のシステムもローマとともに崩壊した。1200年も続いたローマ帝国は、国家組織によって最後の幕が下ろされた、わかりやすい例と言えよう。

## 世界初の国際銀行はテンプル騎士団によって作られた

中世になると、日本の大名制度に似た形で、ヨーロッパではそれぞれの領地が自給自足するようになり、お金の流通は特に地方のほうからは途絶えていった。領地同士でモノが移動することはなく、領地内で物々交換が行われ、領民は税金を穀物で払うようになった。

また、これに伴って経済が後退すると、文字を読み書きする必要がなくなり、ヨーロッパ各地の文化は衰退していった。

一方、東ローマつまりビザンティン帝国やイスラムの世界では、ある程度お金のシステムがまだ続いたので、どちらかというと中世ではイスラムの世界のほうが栄え、アラブのカリーフ帝国、その後のオスマン帝国なども栄えていった。

実はこの時代に世界初の国際銀行が、1118年にテンプル騎士団の手によってエルサレムで生まれている。彼らはエルサレムに巡礼する人々の護衛役を担っていて、エルサレムへのルートを守るために城を造ったり、そこに騎士を常駐させたりしていた。

彼らの城は安全であり、お金を預けることができたので、ヨーロッパからエルサレムに向かう巡礼者たちは、フランスにあるテンプル騎士団に預金をして証書をもらい、エルサレムに到着すると自分のお金を引き出すことができた。

テンプル騎士団の紋章

この国際的な仕組みは約200年にわたって続き、最終的にテンプル騎士団は約7000人が働く巨大組織となり、870以上の城とこれに類した施設をヨーロッパ全土に展開する組織になった。

しかし、あまりにも資金力を蓄え、パワフルな組織になってしまったので、その資産を我がものにしょうとするフランス国王・フィリップ4世によって事実無根の罪を被せられ、テンプル騎士団は完璧に破壊された。

## イタリアとイスラムで生まれた画期的な金融システム

時代が進むと現在の銀行の業務内容（預金受入、貸付、手形引受、証券の発行・引受、投資など）に近いことを行う、いわゆるマーチャント・バンク的な銀行がイタリアで生まれた。

キリスト教やイスラム教では、利息を取ることが禁止されていたので、テンプル騎士団もローン、貸し出しはしていたが、利息は取っていなかった。しかし、イタリアで生まれたこの銀行の場合は、例えば100フローリンのお金を借りたい人が、これを返す時には、100フローリンが別の通貨の100フランクに相当するとしても、120フランクにして返すようにするシステムを考案した。つまり、別の通貨に交換して利息を取る裏道を見つけたわけだ。

これと同じようなことを、現在イスラミック・バンキングと言われているイスラム金融も考案している。イスラム金融の場合は、商取引は自由だということからお金の貸し借りを商取引に換えるようにしている。

例えばお金を借りたい時に、お金ではなく金《きん》を借りる。金《きん》を借りて、それをイスラム銀行に売り戻し、借りた時と売り戻した時の差額をイスラム銀行側が利息に充てるというシステムにした。つまり、金《きん》を間に挟むことによって、表向きは禁止されていても利息を取る方法を編み出しているわけだ。

イスラム金融の場合、現在も取られている方法として分割払いがある。例えば自動車を購入したいという時、銀行が買った自動車を個人などに市場価格より高値で売り、それを分割払いにすることによって金利を得る。あるいは、お金を必要とする時は、銀行が金《きん》を買い、金市場価格より高値で個人などに売り、それを分割払いする。

分割払いは現代人の我々に馴染みあるが、中世のヨーロッパでは画期的な方法で、イタリアの両替商たちがヨーロッパ全域でお金の交換や貸し借りを行うようになった。その際、彼らはベンチのようなものを設置していたそうで、これをバンコと言い、バンク（銀行）という名称はそこからきている。

彼らによって交換手形のようなものが登場した。テンプル騎士団の時も似たようなものがあったが、時間が経つと、そのものがお金のように徐々に使われるようになる。これがどこで一番使われるようになったかと言うと、フローレンスつまりフィレンツェとヴェネツィアだった。こうした経緯から、フィレンツェのフローリン、ヴェネツィアのドゥカートの2つが世界初の基軸通貨になっている。

## ■ヨーロッパにおけるペストの大流行(1347~1351)

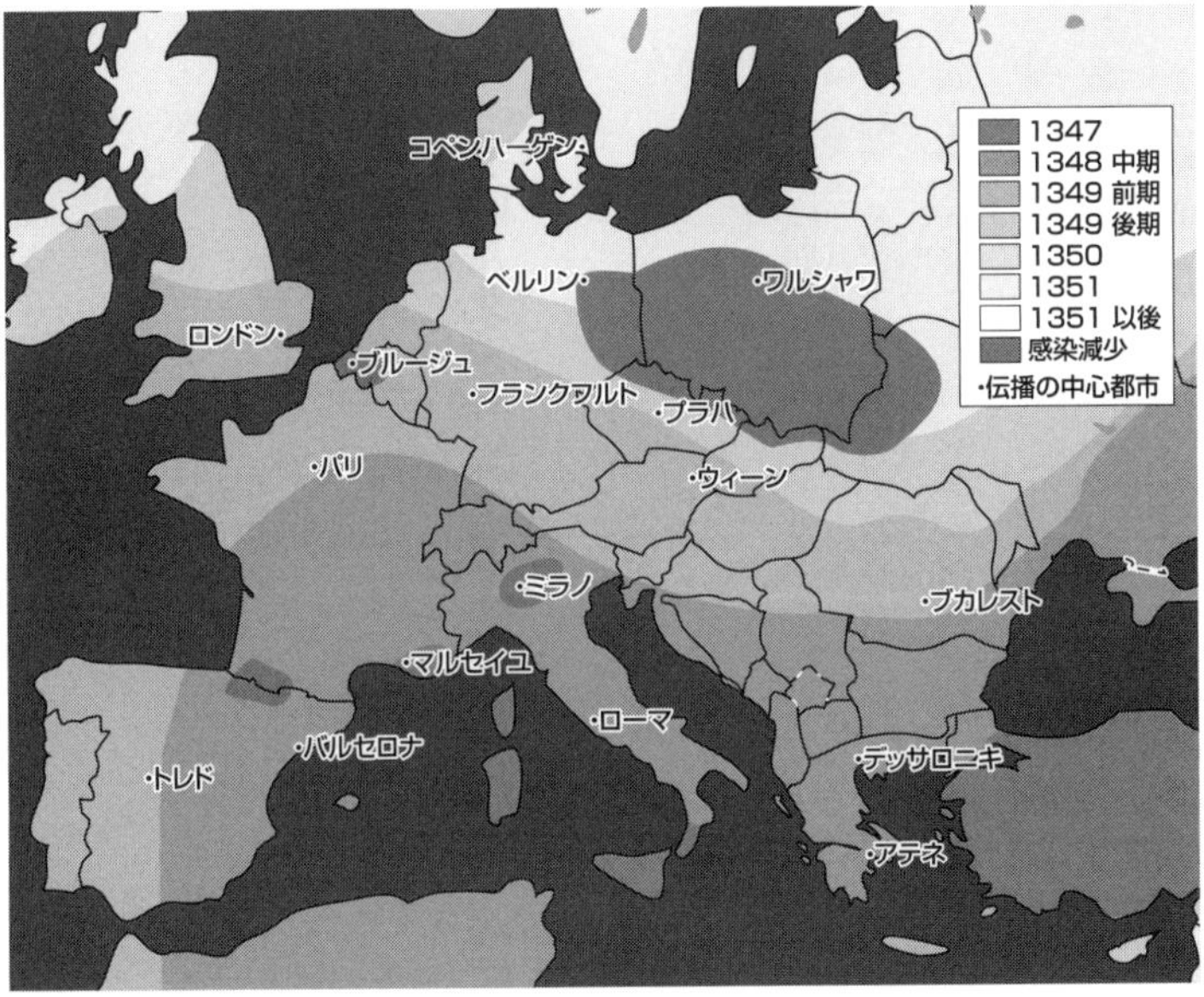


### 黒死病(pest, plague)

1347年10月に中央アジアからイタリアのメッシーナに上陸。 毛皮についていたノミが媒介したとも言われている。1348年にはアルプス以北のヨーロッパにも伝播。

14世紀末まで3回の大流行と多くの小流行を繰り返し、猛威を振るった。

ただし、14世紀中頃にペストが大流行し、まさに今回の新型コロナ・ウイルスによるショックと同じで、イタリアはもちろん、ヨーロッパ全域が大打撃を受けた。イタリアはイングランドにお金を貸していたが、イングランドはこれを返済できる状況ではなかった。ちなみに欧州大陸では人口の3割が死亡し、ペストによるヨーロッパの人口減は、それまでの社会構造を激変させることになった。

## メディチ家はルネッサンスを興しただけではなかった

しかし、イタリアは消滅したわけではなく、14世紀末頃になるとメディチ家が台頭してきた。東方貿易と金融業で財をなしたコジモ・デ・メディチ（1389〜1464年）がメディチ家隆盛の基礎を築き、銀行を設けたりしながらフィレンツェの実権を掌握した。

これ以降、メディチ家はその豊かな財力によって政治的なポジションを手に入れたり、一族の娘をフランス王に嫁がせたり、皇帝や教皇に取り入るなどして、ついには同家から教皇レオ10世・クレメンス7世を輩出するなど、何世代にもわたってメディチ家は一族の地位を固めていった。

メディチ家が学問や芸術を推奨し、ルネッサンスを興したことはよく知られている。しかし、ルネッサンスは初めからそうした文化を創ろうとして興されたのではない。実は、お金を動かす人たちが経済活動を活発にするために、学問を大事にし、庶民にも読み書きを教え、教育のレベルを上げるように努めたのである。その副産物としてルネッサンスは勃興している。つまり、文化が先ではなく、お金が先である。

15世紀になるとメディチ家の銀行は70を超え、同時に数学がヨーロッパで流布されていった。例えば、「フィボナッチ数列」の名称が、その名に因んでいることで知られているレオナルド・フィボナッチ(1170~1250年)という人物が、現在、我々が普通使用している0、1、2、3……というアラビア数字を最初にヨーロッパに広めようとした。だが、18世紀までヨーロッパの大学ではアラビア数字は受け入れられなかったそうだ。

いまだに欧米ではアラビア数字よりもⅠ、Ⅱ、Ⅲ……というローマ数字のほうが、格が高いということで重んじられているようだ。もともと数学の代数のことをアラビア語ではアルジェブラと言い、イスラムの数学者であるアル・フワーリズミーの名が、現在使われているアルゴリズムの語源になっている。

つまり、ヨーロッパで失われていたギリシャや古代ローマの文化が、イスラムの世界では続いていたわけで、ヨーロッパはルネッサンス期にもう一度そうした文化を取り戻すことができたのである。ルネサンスをヨーロッパにもたらしたのは、イスラム世界と言っても過言ではない。

## アメリカ新大陸の発見で変わったお金の価値

1492年にコロンブスがアメリカ大陸を発見して以降、1800年にかけてお金の仕組みが大きく変わった。

特にスペインとポルトガルは北米、中南米、南米、アフリカ、東南アジアなど世界各地に覇権を争うかのように進出していった。まさに大航海時代の到来である。

スペインの場合は、アメリカ大陸に進出すると豊富な金銀に目をつけ、とりわけ銀の収奪を繰り返した。スペインが1500年から1800年の間にアメリカから持ち出した銀の量は世界生産の85％を占め、金《きん》についてもその量は70％に及んだとされている。

また、スペインがインカやアステカを征服し、そこに暮らす人々を牛馬のように酷使して略奪の限りを尽くしたことは、よく知られている話だ。

スペインに後れをとっていたポルトガルは、インドを目指していたカブラルが航路を誤って1500年にブラジルに到達し、この地をポルトガル領として植民地化した。スペインと同じように原住民から富を収奪した。

16世紀以降のスペインは、近隣諸国と戦争を繰り返していたことと、王室の贅沢三昧の散財、あるいは、その豊かな富を商いに長けたイギリス人やオランダ人に搾取されたことも影響して、経済的に困窮していった。しかもスペインにとって頼みの綱だった銀が大量に流出したせいで銀の価値が暴落し、急激な物価の上昇、つまりインフレに見舞われた。

インフレはヨーロッパ全域にも広がっていき、とりわけ東ヨーロッパの穀物需要が逼迫して、ヨーロッパ各地では領地からの収入に依存していた領主たちの没落が決定的になっていった。ただし後世の研究では、この16世紀中頃のインフレは、銀の流入よりも人口の急増によって発生したとも言われている。

アメリカ大陸が発見されたことによって、さらには奴隷貿易という最悪のことが起きた。当初、スペインは新大陸でインディオを強制的に就労させていたが、その人口が急減したため、アフリカ大陸から黒人奴隷を供給するという奴隷貿易が16世紀から始まった。その後もラテンアメリカ（中南米・南米）地域に黒人奴隷が送られるようになり、主にシュガー・プランテーションで彼らは

Fig. 226. Sklaventransport in Afrika.

アフリカ大陸から中南米・南米地域に送られる黒人奴隷

労働を強いられることになった。この地域ではポルトガルも同じことをしている。

アフリカからアメリカやラテンアメリカ地域に奴隷が運ばれ、アメリカからは銀金、中南米からは砂糖などがヨーロッパへ持ち込まれた。

そして、19世紀になって、アメリカ合衆国で起きた南北戦争の過程で、ようやく黒人奴隷は解放されることになったが、依然として黒人に対する人種差別が続き、差別反対の運動が止まないことは周知のとおりである。

## 紙幣の誕生

世界初の紙幣は、中国(北宋時代)で作られた「交子《こうし》」だとされているが、現存しているものはない。紙幣が大々的に使われるようになったのは元の時代に入ってからで、モンゴルが中国を征服し、元の初代皇帝となったフビライ・ハーンが紙幣を流通させたと言われている。

国民や国に入ってくる人たちの金銀を国が没収して、その代わりに資産証明書の役割を補う紙幣を渡していたそうで、このシステムは当時としてはなかなかよい方法だった。

なぜならば、当時のモンゴル帝国(元)は非常に安全だったからだ。ヨーロッパやイス

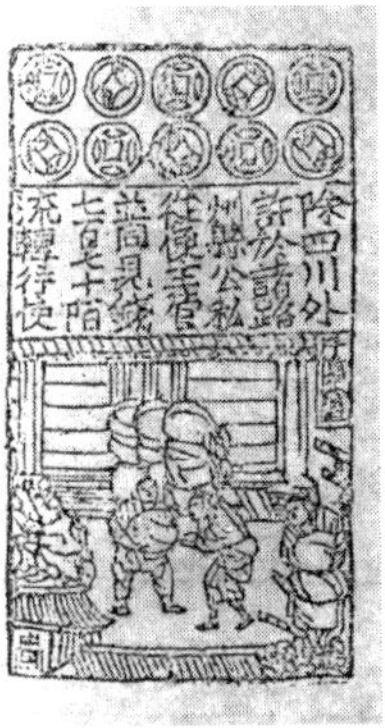

世界初の紙幣は、
中国北宋時代の交子《こうし》と言われている

ラム圏から旅人や商人たちがたくさん元を訪れていたが、持っていた金銀を紙幣に代えられたとはいえ、元に留まっているあいだは個人の資産は守られた。

元を訪れ、フビライに仕えたヴェネツィア商人のマルコ・ポーロが、自著の『東方見聞録』のなかで、「元の初代皇帝フビライは最高の錬金術師だ」と記したそうだが、まだヨーロッパでは紙幣が使われていなかったので、紙がお金として通用していることに、さぞかし驚かされたことだろう。

ちなみに元の警察組織は非常に優秀で、元を訪れた外国人はすべてその特徴が記録され、管理されていたというから、現在の中国と同じような監視国家だったわけだ。

ヨーロッパの最初の紙幣（現在の形に近い銀行券）は、1661年にスウェーデンの民間銀行・ストックホルム銀行によって発行された。

ところで、ヨーロッパの紙幣と中国の紙幣は同じかと言うと、少々違う。ヨーロッパの場合は貿易をより自由にするために紙幣を使い出した。中国の場合は国家が金銀の動きをコントロールするために使い出したわけで、その本質は今も同じだ。

ストックホルム銀行がヨーロッパ初の紙幣を発行した後の18世紀の初頭、今度はフランスにフランス中央銀行（ロイヤル・バンク）ができて紙幣を発行し始めた。しかし、この銀行は史上初のバブルと言われる「ミシシッピバブル」を発生させてしまう。

フランスはルイ15世の時代にアメリカのルイジアナを植民地としていた。ルイジアナのミシシッピ川流域は資源のない荒れ野だったが、この流域で金鉱が見つかったということで、フランスは開発計画を立て、国営企業のミシシッピカンパニーに独占的に開発権を与えた。

また、同社の株式を販売し、その株を買うためにフランス中央銀行が紙幣をどんどん発行したところ、株価は40倍にまで暴騰した。しかし、ミシシッピカンパニーが実態のない開発会社だったことが判明してしまい、「ミシシッピバブル」は崩壊してしまった。

イギリスのポンド紙幣は、現在も経営が続いているＢｏＥ（バンク・オブ・イングランド）が発行するようになった。

ＢｏＥはもともとプライベート・バンク（民間銀行）だったが、１９４６年に国営化されるまでポンド紙幣の発行権が与えられていた。ここで興味深いのは、コインはイギリス国が発行し、紙幣はＢｏＥに発行権利を与えられていたことだ。ポンド紙幣に初めて肖像画が載ったのはクイーン・エリザベス２世で、それ以前はポンド紙幣に王様の顔は描かれていなかった。

第一次世界大戦までポンドが世界の基軸通貨になっていたので、19世紀は「パックス・ブリタニカ」と言われているとおり、ＢｏＥが世界経済を動かしていた。

この期間はヨーロッパの黄金時代と呼ばれ、電気などさまざまなものが発明され、エッフェル塔が建てられ、パリで万博が開かれ、いろいろな公共施設が造られた。大きな戦争もなかった。

だが一方では、列強国による植民地化政策が進み、特にアフリカ、中東、アジアの人々にとっては最悪の時代になった。

植民地化した地域から金銀やさまざまな鉱石を採掘したり、そのために大きな軍隊が必要になり軍国主義が台頭する。20世紀になると、植民地化するところがなくなったので、列強国同士が争うようになった。

そして、結果的に20世紀初頭に何が起こったかというと、お金持ちが増え、資本家が強くなり、これに対する反発が強まって共産主義が台頭した。

## アメリカドルの変遷

アメリカでは当初、メキシコの銀を用いたシルバードルが使われていて、イギリスが植民地化して以降はイギリスの通貨を使用していた。

その後、独立戦争（1775年4月～1783年9月）が終決するまでは、アメリカ東部沿岸の13の植民地はそれぞれ紙幣のようなものを通貨としていた。

独立戦争の際も、植民地の人たちはその紙幣を使ってイギリスと戦ったが、戦時中はなんとか持ちこたえたものの、価値のない紙幣は皆に嫌われることになり、その後、南北戦争（1861～1865年）が勃発するまでアメリカは紙幣を作らなかった。

南北戦争の戦費をファイナンスするために、1861年にアメリカ合衆国（USA）大統領に就任したリンカーンは4億5000万ドルを、南部のアメリカ連合国（CSA）はその倍を刷ったと言われている。

リンカーンは1ドル紙幣を1シルバードルとイコールとし、南北戦争に北部が勝利してしばらく経った頃に、シルバードルをUSAドルに交換することを認めると発表した。だが、これに応じる人はいなかったという。その間に国家への信頼が深まり、紙幣の信用もあがったわけだ。

一方、戦争に負けた南部では、ひどいインフレが発生し、通貨が価値を失った。1864年9月には南部の1ドルは北部の3セントに相当するまで下落した。つまり、連合国ドルのすべては紙屑同様になり、相当なインフレに見舞われたとされている。かつて裕福だった南部の金持ちは貧しくなって、南部は経済的にも後れを取ることになった。現在でも米国の南部の富の差が続いているが、その由来は南北戦争である。

そして、第一次世界大戦後にアメリカはゴールド・スタンダード（金・ドル本位制の金融システム）を作った。しかし、ルーズベルトは海外に対してはゴールド・スタンダードを守ったものの、1933年に、自国民に対して元のフビライと同じように、持っている金《きん》を国に譲渡するように求め、移民や難民からも金《きん》を買い集めた。

ルーズベルトはその後、ドルを約40％切り下げ、そこで生まれた約30億ドルの財源を大恐慌後の復興に充てた。また、これはあまり知られていない話だが、アメリカでは1974年末まで金《きん》を自由に所有することができなかった。

連合国側がノルマンディー上陸作戦（1944年6月）に成功し、第二次世界大戦（1939～1944年）に勝利することが見え始めた1944年7月、連合国と中立国44カ国の代表団がアメリカのニューハンプシャー州のリゾート地、ブレトンウッズに集合し、大戦後の新たな国際金融システム（ブレトンウッズ体制）に関する協定が結ばれた。金《きん》1オンス＝35ドルを公定価格と定め、ドルは金《きん》といつでも交換（金兌換）できるとして、各国の通貨はそれぞれ定められた平価の上下1％以内で為替相場を維持することが義務付けられた。つまりアメリカドルを国際基軸通貨とする金《きん》・ドル本位制が敷かれることになった。

その後、1945年12月に国際通貨基金（ＩＭＦ）と国際復興開発銀行（ＩＢＲＤ）が29カ国で創設され、両組織は1973年まで続いたブレトンウッズ体制と戦後の世界経済の復興を支えた。

しかし、ベトナム戦争（1955年11月～1975年4月）が勃発し、アメリカは1965年から本格介入したものの、戦費が急拡大したせいで経済は大打撃を受け、ドル危機が進行した。

さらには日本やヨーロッパの経済が好況化したため、アメリカはそれまでの通貨体制が維持できなくなり、ニクソン大統領は1971年8月にドルの金兌換を停止し、実質的なドル切り下げによってドル・ショック（ニクソン・ショック）が発生した。同年末、世界経済の変動を押しとどめようとして、スミソニアン協定で固定相場制の維持を図ったが失敗に終わり、1973年から変動相場制に移行することになった。

こうした経緯から現在のアメリカドルは、その価値を保証するモノがなにもない完全な信用紙幣（フィアット）になっている。一応、ＦＲＢの地下金庫には、世界の金《きん》が預けられていることになっているが……。

## 世界の取引所の歴史と繰り返されてきたインフレ対策

１５３１年、ベルギーのアントワープに世界初の商品取引所が設立された。証券取引所は１６０２年にオランダ東インド会社によって、株券や債券を売買するために設立されたアムステルダム証券取引所が世界最古と考えられている。

一方、日本における取引所の起源は、江戸時代の承應・寛文年間（１６５２〜１６７３年）に、当時の経済の中心であった大阪に設けられた米穀取引場までさかのぼる。１７３０年に第八代将軍・徳川吉宗によって堂島に帳合米取引所（先物取引）の市場が公設され、この市場では証拠金を積むだけで差金決済による先物取引が可能であったため、現代の基本的な先物市場の仕組みを備えた世界初の先物取引市場となった。

日本の株式市場は、１８７８年（明治11）年６月１日に、東証の前身の東京株式取引所が売買立会を開始しており、２０２１年で１４３年目になる。

日本の通貨の歴史を振り返ると、通貨が大きく下落したり、使えなくなったりすることがしばしばあった。

明治維新で幕府のマネーがなくなったのと同様に、第二次世界大戦後も大日本帝国の通貨は実質上なくなった。そして、敗戦に伴って物資不足によるインフレが発生し、国民は現金確保のために預金引き出しに走ることになった。

日本政府はインフレ対策として新円切り替えに踏み切り、1946年（昭和21）年2月16日に、新紙幣（新円）の発行と旧紙幣の流通の停止を決めた。現金保有を制限するために、翌17日から預金封鎖し、従来の紙幣（旧円）は強制的に銀行へ預金させる一方で、1946年3月3日付けで旧円の市場流通を差し止め、一世帯の月の引き出し額を500円以内に制限させるなどの金融制限策を実施した。

こうした措置の背景には、インフレーションを抑制（通貨供給量の制限）するとともに、財産税法制定・施行のための資産差し押さえ・資産把握の狙いもあった。しかし、インフレの抑制にある程度成果はあったものの、完全に抑え切ることはできなかった。そのため市民が戦前に持っていた現金資産は、日本国債などの債券と同様にほぼ無価値になった。

つまり、簡単に言えば借金を一回チャラ（ゼロ）にしたということだ。これを日本は150年間で明治維新と第二次世界大戦後に行っており、おそらくもう一度行うと予測する。ただし、過去2回と違って緩やかなインフレを発生させるわけだが。

もちろん日本と同様なことを他の国も経験している。ドイツは第一次世界大戦後にハイパーインフレに陥り、また日本同様に第二次世界大戦後もハイパーインフレが発生している。あるいは、80年代にボリビア、トルコ、ベネズエラもハイパーインフレになっている。

すべての国はそれぞれ異なった性質のリスクを抱えている。そのために、自己資産を一つの国の通貨で保有するよりも様々な通貨に分散投資することが重要になる。

例えば、日本は自然災害というリスクが他国より高い国の一つであり、アメリカはテロや戦争というリスクが日本に比べて高い国である。しかし、地政学的なリスクはある程度予測できるものの、自然災害はほとんど予測できないのが難点である。

# 第4章 電子マネーと仮想通貨の登場

## クレジットカードとポイントカード

3回目の通貨革命は電子マネーと仮想通貨の登場である。

電子マネーが登場したのは、もう70年も前のことであるから結構時間が経っている。最初にクレジットカード的なものを作ったのは、ガソリン会社だと言われていて、お金を持ち歩かなくてもクルマを利用した際に、旅先などでガソリンやクルマに必要なものが購入できるカードを1950年頃にユーザーに提供したとされている。

ダイナーズクラブも1950年に設立され、1955年に最初のプラスチック製のクレジットカードを作った。これが現在のクレジットカードの元になっている。

次いで1958年にアメックスカードが生まれ、同年にバンク・オブ・アメリカがバンク・アメリカというカードを作り、これが後のVISAカードになる。さらには、1967年にニューヨークのシティ・バンクがエブシリング・カードというカードを作り、これが後のマスターカードになった。

クレジットカードの登場は、昔はお金を借りることは今のように自由にできなかったが、一般的な社会人であれば誰でも個人の信用によってお金が使えるようになったという意味で、実に画期的な出来事だと言える。

新興国ではつい最近までクレジットカードを使う人は少なかった。その理由はクレジット会社のリスクが高かったからで、一般に普及するまで、それなりの時間を要したからだ。しかし、いったん流行り出すと大変な勢いでクレジットカードの利用者が増えている。

例えば、私の郷里のトルコも例外ではない。私の叔父は片田舎で小さなマーケットを経営していて、10年ほど前に会いに行った際、1~2時間ほどマーケットにいたが、来る人来る人、ほとんどの人がキャッシュを使っていなかった。かなりトルコの田舎のほうなのに、お客さんのほぼ全員がクレジットカードを利用していたので驚かされた。

一方、日本はどうかと言うと、日本人はキャッシュを使うのが好きなせいか、現金主義と言うか、現金の入った財布を持っていることに安心感を覚えるようで、クレジットカードの利用者はまだまだ海外に比べて少ない。

日本の場合、一般的に個人の債務能力、信用度は新興国より遥かに高いはずなのに、クレジットカードの利用者は増えてきているとはいえ、他の諸外国に比べてもその利用余地は十分あり過ぎるほどだ。

クレジットカードと同じように画期的なのが、ポイントカードの登場である。

その最初は、皆さんがよくご存じの航空会社が発行しているマイレージカードだ。貯めたマイルを無料航空券などに交換できるというこの新しいサービスをアメリカン・エアラインズが始めたところ、当初からかなりの人気を得た。

電子的なものをお金に換わるものと交換できるということでは、このマイルサービスが、おそらく世界初の電子マネーだろう。

現在は様々なポイントカードが発行されていて、セブンイレブンやファミリーマートなどのコンビニエンスストア、ヤマダ電機やビックカメラなどの家電量販店、百貨店や大手スーパー、メガネショップ、居酒屋チェーン店等々、数え上げれば切りがないほどで、いずれのポイントカードも現物のものに換えられる。だから、これらは一種の電子マネーであり独自の通貨と言えるのだ。

## 金融機関の送金システムとATM

金融機関を結ぶ送金システムやATMの登場も画期的な出来事と言える。

1973年に世界的な送金システムが、世界中の金融機関が出資・設立したSWIFT(国際銀行間通信協会)という組合の形で設けられ、その本部はベルギーのブリュッセルに置かれている。

１９７７年から稼働したＳＷＩＦＴは、例えば外国為替やデリバティブ、顧客送金など、金融機関相互の取引に伴う情報伝達を、高いレベルで安全化した状態にするサービスを提供しており、２００以上の国・地域から約９０００の金融機関、あるいは国際的な企業を含めれば、年間約38億件の案件を処理している。

また近年は、暗号通貨とも言われる仮想通貨に関する情報伝達を安全化するサービスを提供していることでも、その名が知られるようになった。

ＡＴＭは、ＳＷＩＦＴが設立される前の１９６７年6月にロンドン北部のバークレー銀行の支店に世界で初めて設置されたというから、もう半世紀以上も前のことになる。ちなみにこのＡＴＭは銀行の外壁に設けられており、世界初ということで金色に塗装されているそうだ。

ＮＡＳＤＡＱ（全米証券業協会）がスタートしたのも丁度この頃（１９７１年）だった。ベンチャー企業向けの株式市場として設立されたＮＡＳＤＡＱは、従来の証券取引所とはまったく異なり、すべてコンピューター・ネットワークのシステムで取引が行われる世界初の電子株式市場として注目された。以来、株式の売買が電子取引されるようになり、今や証券業界全般でこれが当たり前になっている。

電子取引には、各国各様の特徴が顕れている。例えば、アメリカではデビットカードやクレジットカードが盛んに使用されてきたが、日本の場合は、デビットカードはあまり流行らなかったし、クレジットカードの利用も欧米ほどでないどころか、先に触れたとおり、私の母国トルコにも及ばない。

ここで、改めてお金の歴史を振り返ってみると、約1万年前にメソポタミアで農業が始まり、以来約7500年間はずっと物々交換が行われ、各地各様にカカオシードやアーモンドといったお金に似たシステムが生まれた。

コインが誕生したのが2500年前。そして、約400年前に紙幣が生まれ、クレジットカードが出現したのが70年前。その20年後に最初の電子マネーが登場し、今から25年前の1995年にインターネット・バンキングが、12年前の2008年に仮想通貨（ビットコインなど）が生まれている。

このように顧みると、7500年、2500年、400年、70年、25年、12年というスパンで、お金のシステムの変化が、年を追うに従ってどんどん急加速していることがわかる。従って、今後10年、20年で従来のマネタリー・システムが激変する可能性は極めて高い。

## 日本は今、キャッシュレス化の黎明期にある

日本でキャッシュレスが普及しない理由はいくつかあって、まずは治安のよさが挙げられる。日本の個人的な現金授受の動きはＡＴＭの利用に代表されるが、日本では利用者がその利便性をよく活用しており、夜間でも安心してＡＴＭを利用できる国は、そうざらにはない。

さらには、紙幣がきれいで、偽札が少なくキャッシュへの信頼性が高いということも日本でキャッシュレス化が進まない理由に挙げられるだろう。紙幣がきれいであればＡＴＭに限らず、コンビニ等でもＰＯＳ処理が高速かつ正確にできる。

日本の現金流通高に占める1万円札の割合は93％と極めて高い。それは1万円札を持っておきたい、家に置いておきたいという、日本人らしさであろうか。そこには〝タンス預金〟という貯蓄の心理が働いているように思う。

ちなみに、東京都の飲食店でクレジットカードが利用可能な店舗は約13万2０００店の内、３分の1の約4万7０００店と低い（経産省調査、２０１7年10月時点）。

また、キャッシュレス社会にならないほうがいいと思っている男女の比率は、博報堂の

調査によれば男性が41%、なぜか女性が61・5%となっており、女性の場合は〝へそくり〟などが関係しているのではないかと言われている。

一方で、現金を巡るコスト削減のニーズが高まっている点も見逃せない。

印刷、輸送、店舗設備、ATM費用、人件費など直接コストだけで年間約1兆円かかっており、金融機関の現金管理とATMの運用コストが2兆円、小売・外食関係での現金取扱業務の人件費は約6兆円に上ると言われている。

あるいはVISAによると、現金しか使えないことに不満を持つ訪日外国人が約4割存在すると言われており、パンデミックで外国人観光客がいなくなったとは言え、いずれ世界が通常に戻るので観光立国化を目指す日本にとってこれは厳しい批判だ。

カード払いのインフラを改善しないと、訪日客が4000万人に達した場合に約1・2兆円の機会損失が発生すると試算されている。

みずほフィナンシャルグループは、現金取扱コスト削減、支払いデータ利活用、イノベーションの喚起、インバウンド消費の拡大等々のコストを合算すると約10兆円以上の経済効果が、キャッシュレスに移行することによって生まれると想定している。

こうしたことを踏まえ、経産省は2017年4月に「コンビニ電子タグ1000億枚宣言」を策定し、2025年までにコンビニ各社とすべての取扱商品に「電子タグ」を付与し「物流」のスマート化に取り組む意向を示している。

1960年3月、丸井が日本で初めて紙製のクレジットカード（後にビニール製に）を発行した。丸井の修正株価は25年で128倍、日経平均はその間に38倍になっている。このクレジットカードの黎明期と、現在のキャッシュレス化の動きは非常に似ている。

キャッシュレス、QRコード、ポイント・クーポン、無人レジ、電子マネー、電子コイン、地域通貨、電子タグ、電子レシート、ビッグデータ、生体認証、インバウンド消費、物流、使いすぎを防ぐ「家計簿」アプリ等々、広い範囲で生活様式が今後、大いに変わっていくと同時に、日本においてもキャッシュレス化が着実に進むはずだ。我々は今その黎明期にある。

## 間違いなく進むキャッシュレス化

私が塾頭を務める複眼経営塾では、会社四季報に掲載されている情報を元に、2019年の初めに「キャッシュレス」に関するレポートを発表した。その際、会社四季報に掲載されていた、キャッシュレス化についての次の3社のコメントが大変興味深い。
（1）会員証などカードの専業メーカーの「カーディナル」（7855）↓【光明】政府

のキャッシュレス化推進の動きが停滞打破の契機になる公算も。

（2）自社カードによる割賦販売などが柱の「丸井グループ」（８２５２）↓【新技術】キャッシュレス社会見据えＱＲ決済サービスを東京・中野で開始。

（3）旧大和・あさひ、傘下にりそな、埼玉りそなの「りそなＨＤＳ」（８３０８）↓【キャッシュレス】アプリ決済で参入した加盟店契約業務では流通・サービス業に決済端末無償提供、２０１９年1月サービス開始。

また、経済産業省のレポートや日経新聞のまとめでは、キャッシュレスとは「物理的な現金を使用しなくても活用できる状態」としており、その支払い手段については次表に示したように、プリペイド型（前払い）の電子マネーとして交通系・流通系、リアルタイム

**7855 カーディナル**

【決算】3月【設立】1967.10【上場】2000.8

【特色】会員証などカードの専業メーカー。各種素材での少量多品種の生産体制。ＩＣタグ関連強化
【単独事業】カード製造100、基幹業務統合ソフト製造0 〈18・3〉

【足踏み】カードの販売代理店は純増50前後の上積み狙う。ネットワーク手薄の関東中心にＩＴベンダーやＳＩなど積極的に掘り起こし。ただ得意の小ロット・多品種分野で受注単価安なお続く。営業益停滞。20年3月期は代理店純増50超目指す。増勢。
【光　明】政府のキャッシュレス化推進の動きが停滞打破の契機になる公算も。関東の開拓は印刷大手の牙城切り崩しがカギ。

**8252 (株)丸井《まるい》グループ**

【決算】3月【設立】1937.3【上場】1963.4

【特色】小売店は自社での販売から賃貸へ切り替え中。自社カードによる割賦販売・手数料収入が柱
【連結事業】小売55（6）、フィンテック45（28） 〈18・3〉

【増　額】カードはゴールド会員増でショッピング取扱高が想定超の拡大。流動化に伴う債権譲渡益上乗せ。小売りも賃貸型転換進み堅調。会社が増額した営業益計画なお過小。20年3月期もカード、小売り順調。
【新技術】キャッシュレス社会見据えＱＲ決済サービスを東京・中野で開始。新宿マルイに体験型のアップルストアやヨガ教室導入、「コト消費」意識したテナント誘致促進。

**8308 (株)りそなホールディングス**

【決算】3月【設立】2001.12【上場】2001.12

【特色】旧大和・あさひ。傘下にりそな、埼玉りそな、近畿大阪。関西アーバン、みなと加わり5行体制
【資金】預金76、金銭信18、他6
【資産】現・預け金27、有価証券11、貸出金57、他6
【融資】中小企業等向け85、住宅・消費者向け47 〈18・3〉

【上向く】貸出残高は中小企業向け軸に増加。貸出利回り低下で利ザヤ縮小ながら、手数料収入が保険、運用商品、住宅ローン関連で伸長。与信費用も低水準。経常益上向く。統合一時益の一方、税効果剥落。増配。20年3月期も手数料収入増勢。利ザヤ底入れへ。
【キャッシュレス】アプリ決済で参入した加盟店契約業務では流通・サービス業に決済端末を無償提供、19年1月サービス開始。

『会社四季報』2019年

## ■主なキャッシュレスサービス

**キャッシュレスとは「物理的な現金(紙幣・硬貨)を使用しなくても活動できる状態」で支払い手段としては次のものがある。**

| | プリペイド(前払) | リアルタイムペイ(即時払い) | | ポストペイ(後払) |
|---|---|---|---|---|
| 主なサービス例 | 電子マネー(交通系、流通系) | デビットカード(銀行、国際ブランド) | モバイルウォレット(QRコード、NFC等) | クレジットカード(磁気、ICカード) |
| 特徴 | 利用金額を事前にチャージ | リアルタイム取引 | リアルタイム取引 | 後払い、与信機能 |
| 16年民間消費支出に占める比率 | 1.7% | 0.3% | − | 18.0% |

**「未来投資戦略2017」で'27年までにキャッシュレス決済比率4割程度を目標。**

**キャッシュレス推進は、「実店舗の無人化省力化」、「不透明な現金資産の見える化」、「流動性向上」、「不透明な現金流通の抑止による税収向上」、「支払いデータの利活用」、「消費の活性化」等のメリットにつながることが期待される。**

### QRコード決済サービスに参入する主な企業

| LINE | オリガミ | 楽天 | NTTドコモ | ヤフー・SB | KDDI |
|---|---|---|---|---|---|
| LINEペイ | オリガミペイ | 楽天ペイ | d払い | ペイペイ | auペイ |
| 2014年12月 | 2016年5月 | 2016年10月 | 2018年4月 | 2018年10月 | 2019年4月 |

(H30年4月経済産業省レポートや日経新聞を参考にまとめ)

ペイ（即時払い）のカードとしてデビットカード（銀行・国際ブランド）とモバイルウォレット（QRコード・NFC等）、ポストペイ（後払い）のクレジットカード（磁気・ICカード）などを紹介している。

前ページの図表に2016年の民間消費支出に占める比率を示しているが、プリペイドが1・7%、デビットカードは0・3%、モバイルウォレットは0%、ポストペイについては、日本のクレジットの使用率は低く18%となっている。図表中の支払い手段のなかで、もちろんクレジットカードも重要だが、これは昔からある与信機能であるので、今後はリアルタイムペイが重要になってくるはずだ。

さらには、2017年6月に閣議決定された「未来投資戦略2017」には、「2027年までにキャッシュレス決済比率4割程度を目標」と記されており、キャッシュレスの推進が、「実店舗の無人化省力化」「不透明な現金資産の見える化」「流動性向上」「不透明な現金流通の抑止による税収向上」「支払いデータの利活用」「消費の活性化」等々のメリットにつながることが期待されている。

それにともないQRコード決済サービスにLINEや楽天、KDDIなどが次々に参入（図表P97参照）してきており、日本の場合、この分野はまだ黎明期であるので、これからさらに発展していくと思われる。

## ■世界のキャッシュレス動向と各国の取り組み

### 日本のキャッシュレス決済比率は18.4%と相対的に低位にあるが、1人当たりのカード保有はシンガポールの10枚弱に次いで7.7枚と2位(3位韓国約5.5枚)。

各国のキャッシュレス決済比率の状況(2015年)

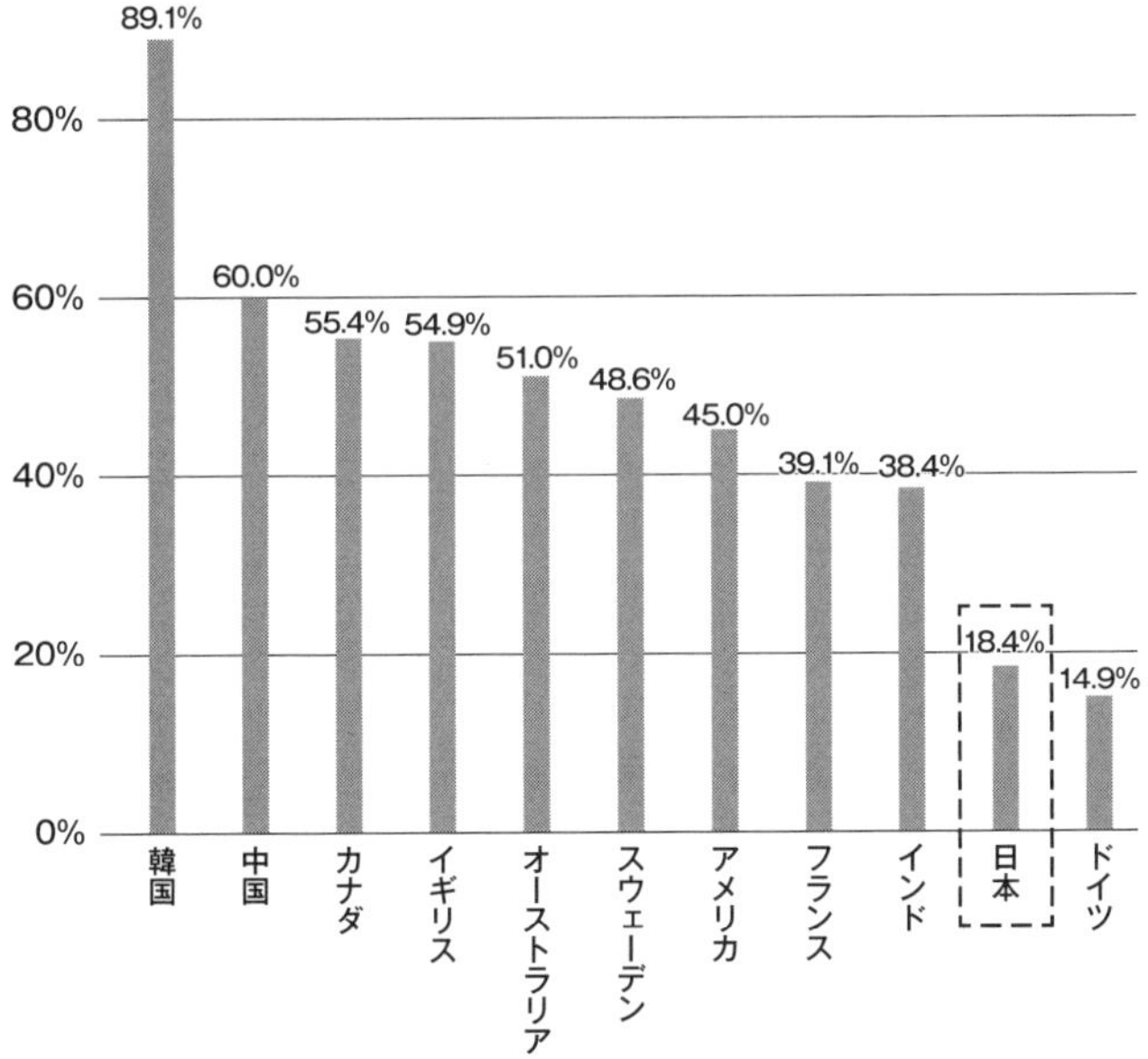


| 国名 | 背景 | 取り組みと実績 |
|---|---|---|
| スウェーデン | ① 90 年代バブル崩壊の金融危機で国家を挙げて生産性向上を目指す、②冬季期間の現金輸送の困難さや人手不足、③犯罪対策 | ①小切手からデビットカードへ移行、②現金取扱の廃止、③個人間送金サービス Swish の登場、④実店舗の現金拒否 |
| 韓国 | 97 年アジア通貨危機、脱税防止など目的とした政府主導のクレジットカード利用促進策 | ①政府の利用促進策（所得控除、宝くじ付与、店舗クレカ取扱義務)、②電子マネーの活用 |
| 中国 | 偽札、脱税、コストの課題に加え 90 年代まで決済システムなど統一されておらず一気に刷新 | ①銀聯 2002 年設立と取組み（16 年 72.9 兆人民元（1116 兆円))、②アリペイの登場 |

次に世界のキャッシュレスの動向について見てみよう（図表Ｐ99参照）。

日本のキャッシュレス決済比率は18・４％と相対的に低位であるが、１人当たりのカード保有数はシンガポールの10枚に次いで7・7枚の2位であり、日本人がカードをかなり持っていることがわかる。だが、使わないのが日本の特徴だ。その理由は、日本人は非常に真面目で、金銭感覚もきちんとしたいという民族だからだろう。

ちなみに、日本はそもそも人口密度が高いし、すぐ近くにＡＴＭあって、ほぼ24時間開いているコンビニでお金が引き出せるので、それほどキャッシュレスが必要なかったとも言える。

前掲の図表に表れているように、実は日本よりキャッシュレスの決済比率が低いのがドイツである。

そして一番高いのが韓国で、その比率は89％に上る。次いで中国が60％、これにカナダ、イギリス、豪州が続いている。実はこの図表のデータは２０１５年の時点のものであり、同年以降はスウェーデンが非常な勢いで伸びている。

韓国の場合、１９９７年のアジア通貨危機以来、脱税防止などを目的とした政府主導のクレジットカード利用促進があった。中国の場合は、偽札、脱税、コスト過大ということから、90年代まではキャッシュレス化が進んでいなかったが、その後、一気に流行ることになった。中国政府には、おそらく個人資産さえも監視したいという狙いがあるのだろう。

## スウェーデンでキャッシュレス化が急進した理由

特にスウェーデンのキャッシュレス決済比率が2015年以降、非常な勢いで伸びていると前述した。キャッシュレス化される社会の近未来像を知る上で参考になると思われるので、ここで触れておきたい。

スウェーデンの現金使用は2007年に天井を打った。2000年代に入ってから少しずつ現金の使用率が下がっていたが、その理由の一つとして挙げられるのが銀行やスーパーなどで強盗事件が多発したことだ。事件の背景としてはリーマン・ショックによる貧困化、あるいは移民の増加などが考えられる。

2009年9月には、ヘリコプターを使用するという、まるで『ルパン3世』もどきの前代未聞の強盗事件が発生した。ヘリから警備会社の屋上に降り立って警備員を銃で威嚇し、3900万クローナ（約5億円）を強奪している。この事件後、世論はキャッシュレスに向いていったと言われている。

他にも理由がいくつか挙げられるが、スウェーデンの場合、国土の広さに対して人口が少ないので、現金輸送にコストがかかり、さらに寒さも影響していると思われる。また、ＡＴＭや銀行のネットワークの維持費、つまりソーシャル・コスト（現金コスト）が非常に高いことも大きな理由とされている。従って、スウェーデンは現金を使わない一人当たりの取引件数で、２０１８年に４６１・5回と世界1位になっている。ちなみに2位のアメリカは４５９回であった。

スウェーデンのキャッシュレス化の動きは特徴的でもある。

法律でスーパー、レストラン、カフェなど、サービスを提供している売り手側にキャッシュを受け入れなくてもよいという権利を与えており、これは現在スウェーデンだけのことだ。従って、２０２５年までには、スウェーデンで商いをしている店舗の半分がキャッシュを受け取らなくなると予測されている。日本も今後、キャッシュレスを推進するのであれば、こうした法律を政府が採用する可能性もある。

日本の場合、現金しか使えないという断り書きが、レジのそばなどに示されているケースが多いが、スウェーデンでは断り書きに現金が使えないと書いてある店舗が多い。つまり、現金が使えないことを知った上で、例えばレストランに入って現金で支払いをしようとすることは法律に反するので、客はキャッシュレスを守らなくてはならない。

スウェーデンでは、２０１２年にＳｗｉｓｈ（スウィッシュ）という個人間で送金ができる電子マネーが登場している。これは日本でいうラインペイのようなもので、Ｓｗｉｓｈによってキャッシュレスの利用率が増えたと言われている。

また、もう一つｉＺｅｔｔｌｅ（アイゼトル）というモバイルＰＯＳシステムが利用されていて、小さくて安価なドングル（取り付け式の小型装置）をスマホに差すことによってクレジットカードが使えるようになっている。

今、スウェーデンではストックホルムなどで、ホームレスを支援するために彼らに雑誌販売をさせており、日本でも同じような光景を見かけることがある。彼らは雑誌を25クローナで購入し、50クローナで販売しているが、キャッシュレスが増えたせいで、現金の入手ができないために買い物ができない状態になってしまった。そこで、彼らにスマホとドングルを渡す方法が取られたそうで、これ以降、ホームレスによるキャッシュレスの利用率が一番高くなっていると言われている。

こうした変化は一つの分岐点のようなもので、慣れてしまえば変化は加速していくものだ。例えば、スウェーデンで一番大きな教会が、会員費や寄付のすべてを電子マネーに移行するというのも興味深い話で、キャッシュレス化がスウェーデンでかなり進んでいることがわかる。

## キャッシュレスへの賛否両論

一方、キャッシュレスに反対する人たちがいることも確かで、一概に反対意見を無視することはできないだろう。

例えば、キャッシュレスに慣れない高齢者、あるいは銀行口座やクレジットカードを持てない人たちも世の中にはたくさんいる。従って、彼らに対してどのような施策を講じればよいのかということになる。キャッシュを完全になくすのではなく、一応残していくことも検討されているようだ。

キャッシュレスを進めている側には、その中間の解決策として大きな単位の紙幣をなくそうという意見もあるようで、これは日本の場合、実際にどうなるかは推測の域を出ないが、1万円札をなくして1000円札だけにしてしまうような話だ。

キャッシュに反対している人たちはアメリカにもかなりいる。経済学者のなかにはキャッシュを廃止しない限り、マイナス金利の政策は、これ以上続けられないとしている人もいる。その代表が『現金の呪い』という本の著者、ハーバード大学教授のケネス・ロゴフだ。

ロボフはキャッシュをなくさないと、皆、キャッシュをおろしてタンス預金にしてしまうが、お金がデジタル化されれば、当然、銀行にお金を預金しておく必要があるので、マイナス金利の政策を続けやすいと主張している。

この主張に同調している人たちは、景気回復を支えるためにマイナス金利を続けたほうがいいと考えていて、キャッシュレスには犯罪防止、脱税防止などのメリットもあると強調している。

ただし、ロボフは同書のなかで一気にキャッシュレス化するように主張しているわけではない。まず高額紙幣をなくし、次にキャッシュと電子マネーを一緒に扱えるようなシステムを作り、法整備については電子マネーの支払いに付随するプライバシー、つまり個人情報を守るように強化しなくてはならないと、スッテプ・バイ・ステップの方法を説いている。

そのためには、よりタイムリーにキャッシュレスが機能するように通信インフラを整える必要もあるわけで、私は、５Ｇがキャッシュレスの動きをさらに加速させると予測している。

キャッシュレスによって電子マネーが広まってしまうと、中央銀行の力がなくなるのではないかという意見もあるようだが、これに関しては、中央銀行が電子マネーを発行すればいいという見方もある。

あるいは、紙幣はいろんな人が触っているため汚いと感じている人もいるようで、特にアメリカドルは紙製ではなく、綿・麻混合の布製であることから、長持ちはするものの菌がつきやすいと、今回の新型コロナ・ウイルスに関連づけて心配する向きも多いようだ。

また、アメリカ人のなかには、ドル紙幣を丸めてコカインを吸ったりする者もいるので、粘着性のあるコカインが紙幣に付着しているらしく、現在、アメリカで流通しているドル紙幣の90%がそのような状態だと言われている。ちなみに、コカインが付着したドル紙幣を空港などで大量に持ち歩いていると、麻薬犬に吠えられるという無視できない話もある。

さらに、キャッシュレスを推進している人たちのなかには、高額（100ドル）紙幣は麻薬組織のディーラーなど、犯罪者しか使っていないはずだから、即刻なくすべきだと主張する人たちもいる。

こうした、高額紙幣廃止の声が挙がるのも頷ける話で、世界の100ドル紙幣の多くを麻薬組織が持っていると言われている。現在、100ドル紙幣の7割はアメリカ外にあるとされている。

そこで想起されるのが、80年代に、コロンビアの麻薬王として知られていたパブロ・エスコバルが、年間約3～4兆円の不当な利益を得て、すべてをキャッシュで持っていたという話だ。だが、彼らは銀行に預けることができないので、ドル紙幣がカビにやられたり、ネズミに食われたりして、その10%が無駄になったという。つまり、1年間で数千億円に相当するお金が使えなくなっていたという恐ろしい話だ。

一方、ゼロ金利政策やマイナス金利は、そもそも真面目に働いてお金を銀行に預け、金利を受け取りたい人たちの意思を無視しているという意見もあり、こうした意見に対して批判的なのが、先述したロゴフなどキャッシュレスを推進している人たちだ。

例えば、シティバンクグループのチーフ・エコノミストであるウィレム・ブイタ一、マイクロソフトの共同創業者ビル・ゲイツ、あるいはビル&メリンダ・ゲイツ財団、VISAやマスターカードの経営陣が、かなりロビー活動をしている。

ブイターは「金利をゼロにしても人はお金を使わない。マイナス金利の政策を続けて預金を減らすようにするか、もしくはキャッシュを持っていると税金がかかるくらいにしないと、人はお金を使わない」と言っており、さらには、銀行に預金が100万あるとして、それを引き出す際、95万しか引き出せないようにキャッシュと預金の交換率を変えてはどうかと、結構過激なことも主張している。

キャッシュレス推進派のこうした意見に反対する人たちのなかには、キャッシュレスのロビー活動をしている連中は、結局、自分たちを奴隷にして、お金を全部コントロールしようとしているという〝陰謀論〟を語る人もいる。

そうした意味では、国家（中央銀行）に干渉されないビットコインは恰好の解決方法と言えるだろう。ビットコインはコミュニティが保証しているので、キャッシュレスに反対している人たちも受け入れやすいと思われる。

しかし、国家はビットコインが自国通貨に変わることを簡単に承認すると考えないほうがいい。なぜならば、前章の通貨の歴史を振り返ればわかるように、現実的な経済活動と国家が管理する金融システムとのあいだには、常に齟齬があって、両者の方向性は一致するとは限らないからだ。また、米国も米ドルの基軸通貨というポジショニングをビットコインに奪われたくないはずだ。

従って今後、ビットコイン、仮想通貨、ブロックチェーンは普及していくと思われるが、その流れが急速にメインストリームになっていくと、かつてテンプル騎士団が潰され、イタリアのバンカーが排除されたように、国家が潰しにかかってくる可能性がある。

ただ、２０２０年12月末時点でビットコインの規模は、時価総額で約３３００億ドル（日本円で35兆円）と、それほど大きくはないので、国家としては、ビットコインというシステムは、とりあえずあってもいいのではないかと思っているのかもしれない。

## 5年後、10年後に新たな決済システムが生まれる

２００８年に登場したビットコインの匿名性に期待している人は多いはずだ。その理由は、お金の移動を知られたくない人たちにとって、ビットコインはキャッシュ同様の価値を持って動かすことが自由にできるからだろう。

２００８年にリーマン・ショックが起きた際、アメリカはスイスに口座情報を開示するように強制し、スイスにとってこれは大打撃になった。

なぜアメリカがこうした要求をしたかというと、リーマン・ショックを契機に、海外への資金移動を半ば強制的に抑制する、つまり、ケイマン諸島などで展開されていた〝資金洗浄〟を許さない策をアメリカの司法当局がスイスの銀行に対してもとったからだ。その結果、ビットコインがお金の移動手段として注目され、活用されるようになったとも言われている。

２０１３年３月に習近平が第７代中華人民共和国主席に就任して以降、中国人はお金を国外に移すことが簡単にできなくなった。そのためビットコインが相当利用されたと思われる。中国は監視社会と言われていても、そこに生きるパワフルな人たちにも知られたく

ない事情が必ずあるはずなので、そう容易《たやす》くビットコインがなくなるとは思えない。

これまで世の中が変遷し続けるあいだに、革新的な出来事がいくつもあったが、剣を持った者はお金を持っている者よりも常に強く、剣を持った者が、お金を没収するという歴史が何度も繰り返されてきた。つまり、剣とは国家権力であり、お金とは国民の財産ということであり、私が恐れているのは、すべてが国によって支配されてしまう世界だ。

キャッシュレスが急速に進んでいる中国にそうした怖れを一番感じてしまうが、これは何も中国に限った話ではない。

例えば、何のために設けようとしたのか判然としない日本のマイナンバー制度は、今回のコロナ禍での10万円給付手続きに際して、本当に役立ったとは言えない。その管理運営のつたなさは、2007年の〝消えた年金問題〟を想起させる。またマイナンバー制度には、国民のお金の動きをすべて国が把握したいという狙いがあるのではと、疑ってしまうのも私一人ではないはずだ。

いろいろと国家権力について考えを巡らせると、現在、世界は国家がより強くなっていく、要は国内重視のアンチグローバリズムの流れにある。従ってグローバリストが期待しているようなキャッシュレスではなく、国がすべての資産を監視するキャッシュレスが進む可能性も否定できない。

一方でキャッシュレスによって生活が便利になっていることは確かだ。

買い物の支払いがスマホでできてしまうので、慣れると、コーヒーなどを求めるときにコインを出すのが面倒くさくなってくるし、ああ、この店は電子カードか、ＰＡＳＭＯかということになってしまう。そして、こうした状況を踏まえると、日本は電子マネーの種類が多いだけに、意外にキャッシュレスの普及は早いようにも思われてきて、そうなれば、我々はもはや近未来の世界にいることになる。

キャッシュレスの流れが速くなっていることを考えると、5年後、10年後にはまったく異なった決済システムが生まれている可能性がある。つまり、我々はまだ見えないパラダイムシフトを目前にしている。

キャッシュレス化を進めるにあたって、プライバシーの問題などをクリアし、利用者を安心させることができれば、キャッシュレスは画期的に普及していくと思われるが、その最先端をいくのが先述したスウェーデンだ。

ただし、キャッシュレスになってどこが困るのかということを考慮しておく必要がある。私はエンターテイメント系が困る可能性があると思っているが、その理由は、夜の活動など、誰しも人には知られたくないエンターテイメントが必ずあって、そうした意味での使い方を、プリペイド式にするなど、とにかくトレースされない仕組みが必要になる。

総じて、スウェーデンのように人口密度の低い国でキャッシュレスを活用するのと、アメリカのように広大な国、あるいは日本のように人口密度が高い国で活用するのとのでは、当然、その様子は異なるだろうが、各国各様にそこに合った形でキャッシュレスは進むはずである。

## ビットコインと電子マネーの違い

ビットコインと電子マネーの違い、仮想通貨の存在を可能にしたブロックチェーン技術については、拙書『それでも強い日本経済』（２０１８年10月刊）で詳述しているので、一部をそのまま以下のように、若干、修正を加えて転用する。

というのも、ビットコインのチャートがこの本に書いたとおりになっているからで、ビットコインの動きは金の動きと同様に、先物が上場した後、調整期間を経てまた上昇している。この金と同じ経路を辿ればビットコインは凄いことになると思えるからだ。

## ビットコインとは何か？

仮想通貨は依然として大きな話題になっている。その代表であるビットコインが人気を集めているが、実際に仮想通貨の仕組みを理解している人は少ない。また、その仕組みを知らないからこそ仮想通貨にミステリアスで怪しいイメージがつきまとっているのだろう。

日本は仮想通貨が浸透していないものの、電子マネーはかなり普及している。では、そもそも電子マネーとビットコインの違いは何か？

日本で使用されている電子マネーは基本的に日本円の代わりである。スイカやパスモは実際のおカネを入れてチャージするし、チャージした分の金額を私たちは使用している。電子マネーでポイントがたまるなどの特典はあるが、もちろんチャージした金額は勝手に増えたり減ったりしない。

一方、ビットコインは日本円にリンクしているわけではなく、1ビットコイン（btc）という通貨の単位が存在し、通常の為替のように日々変動する交換レートで取引される。つまり、実物がないものの性質は外国為替と変わらないのが特徴である。

世界でビットコインが初めて実際の取引に使われたのは2010年である。当時、1ビットコインはわずか10円程度だった。1万ビットコインで購入されたピッツァは最初のビットコイン取引だとされている。ちなみに1万btcはビットコインの最高値のときに200億円以上もしていた。

ビットコインについて、実体のない、手で触れられないものなど信用できないと思う人たちの気持ちは理解できる。しかし、上場会社の株式もいまでは電子化されていて、昔のような株券は存在していないが、それでも投資家は何一つ不自由しているわけではない。

ビットコインの時価総額は2020年12月の時点で約40兆円を超えた。特に2020年後半に入ってから高騰し、時価総額とともに1日の売買額も増え、3兆円以上の売買が行われるようになった。

しかし、外国為替証拠金取引、つまりFXの1日の売買高が約700兆円であることを考えると、ビットコインの市場規模はまだ小さいことがわかる。

## 仮想通貨とは何か？　ブロックチェーンとは何か？

私は2018年1月、BS12チャンネルの番組『東京マーケットワイド』にゲスト出演して、「仮想通貨とブロックチェーン」について解説した。

## ■ゴールド(金価格)とビットコインの相場は相似している

ビットコイン価格(過去5年間)

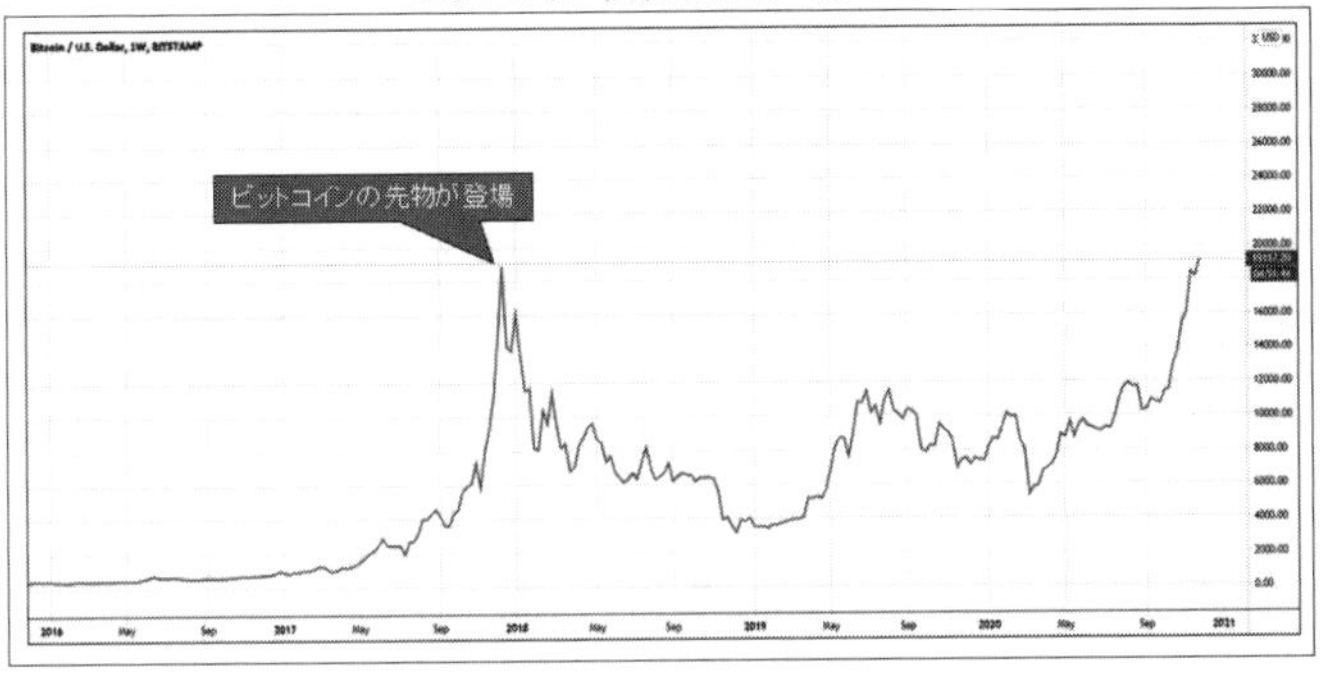


ゴールド価格(1970年代)

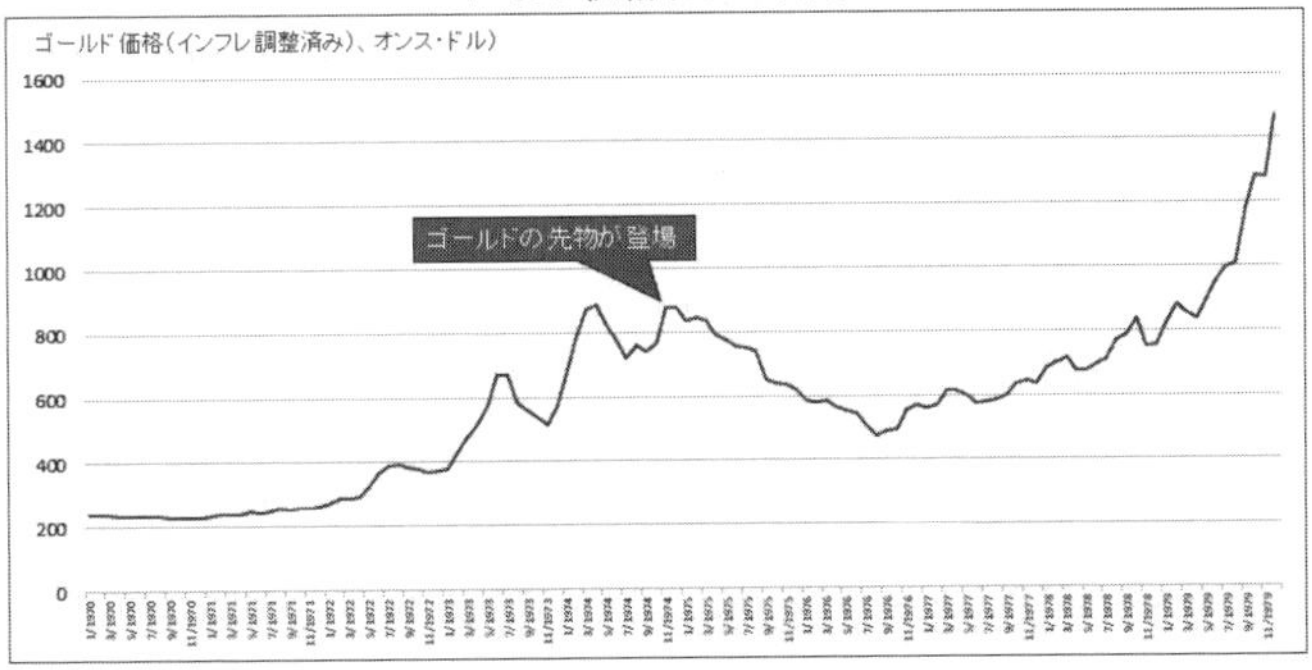

その際、要点を箇条書きにしたフリップを示しながら解説した。本書においても理解を深めていただくために掲載しておきたい。

「仮想通貨は、法定通貨に対して特定国家による価値保証を持たない通貨のことである」

（Ｗｉｋｉｐｅｄｉａから）

ブロックチェーンとは、分散型台帳である。ブロックと特定時点における取引データである。

過去ブロックとは番号が付けられて、前ブロックにリンクされる。ブロックの中のデータが一度リンクされると永遠に変更することができない。データはネットワークに参加している全員で共有することからハッキングが不可能とされている。

ブロックチェーンは、ビットコインなどの仮想通貨の取引や暗号化に使用されると同時に、スマート契約と言われる様々な取引の自動化に採用されている。

## ビットコインのマイニンクとは?

ビットコインはマイニンクによって稼ぐことかできる。マイニンクとは新しいブロックを作ることである。売買の記録を承認し、前ブロックにリンクすることによってビットコインが生まれる。

この承認プロセスを行っている者への報酬として新規に発行されたビットコインが渡される。ブロック報酬は21万ブロックで半減する（約4年間）。合計で発行されるビットコイン数は2100万枚であり、その数に近づけば近づくほど報酬が下がるということである。

報酬がほしい者が多いので、誰がブロックを作るのかを決めるために、承認者同士でパズル解きの競争を行う。このパズルは複雑なプログラムであり、先にパズルを解いた者がブロックを作り、ビットコインをゲットする。

## ビットコインはバブルなのか?

２０１７年4月25日に四季報オンラインに書いたコラムで、ビットコインの動きは初動であることを指摘した。

その後、価格は10倍以上に膨れあがって、一時1ビットコインは２００万円を超えた。しかし、その時点でビットコインはバブルの兆候を見せていることを指摘し、先物の上場をきっかけに価格が大きく下がる可能性が高いことも指摘した。

ビットコインは最高値の３分の１まで短期間で下がったが、その前から価格が不安定で高騰と急落を繰り返していた。

国や中央機関にコントロールされない、外からハッキングも不可能な電子帳簿という概念は非常に魅力的で、金融システムにおける本当のグローバル化を意味している。もちろん、ブロックチェーンが現時点で世界のマネタリー・システムを変えられるとは思わないし、ビットコインやその他の仮想通貨が世界の基軸通貨になるとも思わない。

しかし、ブロックチェーンという技術は今後いろいろな分野で活躍すると考える。ブロックチェーンの技術的な評価とビットコインや他の仮想通貨の現時点での価格は、別の問題として考えたほうがいい。

現在、ビットコインの時価総額は33兆円で、まだまだマーケットの規模としては小さいものの、次第に拡大してきており、イーサリアムの時価総額も5兆円程度にはなってきている。

仮想通貨は、100億から2000億の時価総額のものまであるので、私は「どれを買えばよいのか？」と聞かれることが多いが、そうした際は、「初心者はビットコインかイーサリアムに限定したほうがよい」と応えるようにしている。

その理由はリスクが少ないからだ。オルトコインはビットコインに連動することが多い。つまり、結局は何を買っても同じ動きをするなら、初心者ビットコインもしくはイーサリアムで十分だろう。それなりに保証が効き、マーケットがディープだから逆に普及率が高いと推測する。

仮想通貨の価値がどこにあるかの議論はあるが、資産として確立しているのは事実であるから、仮想通貨は投資のポートフォリオに組み込んでよいと思う。

今後はお金が大量に刷られ世の中はインフレになると思われる。中長期的に究極の希少価値になる数は決まっているので、仮想通貨は70年代の金と同じような動きになるかもしれない。分散投資の一環としてビットコインかイーサリアムを少し持っておくのはいいのではないかと考えている。

## デジタル化を進める菅首相

菅首相がデジタル庁の設立に向け、2020年内に基本方針をまとめ、2021年1月の通常国会でデジタル改革相の平井卓也氏が関連法案を提出することになった。

社会全体のデジタル化をリードする組織とし、2021年秋のデジタル庁設置を目指す。しかも各省庁の関連組織を一元化し、首相直轄組織にする新法制定も検討しているとのことで、要はスムーズにデジタル庁を立ち上げたいとの意向だ。

IT基本法も2000年の成立以降、初めて全面改正する予定で、デジタル化推進の手段としてマイナンバーカードを活用（免許証・保険証の統合など）できるようにし、日本のデジタル化を一層加速化させる計画だ。従って、こうした動きは電子マネー、キャッシュレス社会への動きを加速させることにもなる。

ここで、デジタル庁の設立に関することとして、2020年の『情報通信白書』に少し触れておきたい。2030年の「デジタル経済・社会の将来像」について、以下のようなことが書かれている（同白書より抜粋）。

**【デジタル経済】**

・5G（第5世代移動通信システム）の普及によって多くのデータがやり取りできる環境が整う→本格的なデータ収集が始まる。
・そのためIoT（さまざまな「モノ」がインターネットに接続され、情報交換することにより相互に制御する仕組み）機器がばらまかれるタイミングに入る→IoTが本格普及するタイミング。
・すでに多くのデータを持っている、または特殊なデータを持っている企業、多くのデータに触れられる企業は、そのデータの価値とともに企業価値も見直される。
・ビックデータ解析を手掛けているAI（人工知能）企業は注目されるが、すでに専用ハードを開発する段階に入っている。

**【デジタル社会】**

・データ主導型の「超スマート社会」への移行。
・5Gの生活への浸透とともに、AI・IoTの社会実装が進み、サイバー空間とフィジカル空間が一体化するサイバー・フィジカル・システム（CPS）が実現する。
・2030年代にサイバー空間とフィジカル空間の一体化がさらに進展し、フィジカル空間の機能がサイバー空間によって拡張される。
・あらゆる制約から解放され、誰もが活躍できる〝Inclusive（包括的）〟な社会が、例えば次のような形で到来する。
▼工場勤務やサービス業にしても、ロボティクス（ロボットの設計、製造などに関する研究およびビジネスの現場におけるロボットの運用に関する研究）やアバター（コンピューター・ネットワーク上の仮想的な空間において、自分の分身として表示されるキャラクター）などの技術を用いることにより、自宅に居ながらにしての業務が可能になる。
▼離れた場所で開催されるスポーツ・イベントやコンサートも、その場にいるかのような臨場感でリアルタイムに体験できるようになり、遠隔地をつないだｅスポーツの対戦も可能になる。
▼ＡＲ（実際の景色、地形、感覚などに、コンピュータを使ってさらに情報を加える技術）／ＶＲ（バーチャル・リアリティ）やアバター技術を活用することによって、実際に行くのは困難な秘境や極地、宇宙空間などを仮想的に旅行することも可能になる。
▼外国語のスキルがなくても、世界中の人とビジネスやプライベートでの交流が自由に行えるようになる。

ところで、アメリカの玩具量販店のトイザラスが2017年に倒産し、その翌年には小売大手のシアーズが倒産したこと、次いで2020年に入ってからは百貨店大手のJCペニーと衣料品大手のブルックス・ブラザーズなどが倒産したことをご存じの方は多いだろう。

こうした伝統的な企業が市場から退出を余儀なくされた理由は、ICT（情報通信技術）を手掛ける企業の市場参入、つまり「デジタル・ディスラプション（デジタルによる破壊）」である。

ICTが確立された産業を前提に、効率化や価値の向上を実現するためのツールであるのに対して、そのビジネスモデル自体を変革することをDX（デジタル・トランスフォーメーション）と言い、これはスウェーデンのウメオ大学のエリック・ストルターマン教授が2004年に提唱した概念だ。その意味は「ICTの浸透が人々の生活をあらゆる面で、よりよい方向にさせること」とされている。

ICT企業はあらゆる経済活動のコスト構造を変えるために、あらゆる産業に進出しており、一方の伝統的プレーヤーは、新たなコスト構造に適した形に変えていくことが求められている。この変化に対応できなければ、トイザラスなどのように淘汰されることになるだろう。

かつて「産業のコメ」という言葉があった。モータリゼーションは石油がなければもたらされなかったし、未だに多くの産業は石油への依存度が高いので、石油は「産業のコメ」であり続けている。

しかし、時代は急速に変化し、今やデータが「21世紀の石油」と言われるようになった。そして、その利活用が国の在り方や発展に大きく影響する。もちろん、その種類・質が重要になり、多種類かつ高品質なデータを持つことが、競争力を左右し、イノベーションの源泉となる。

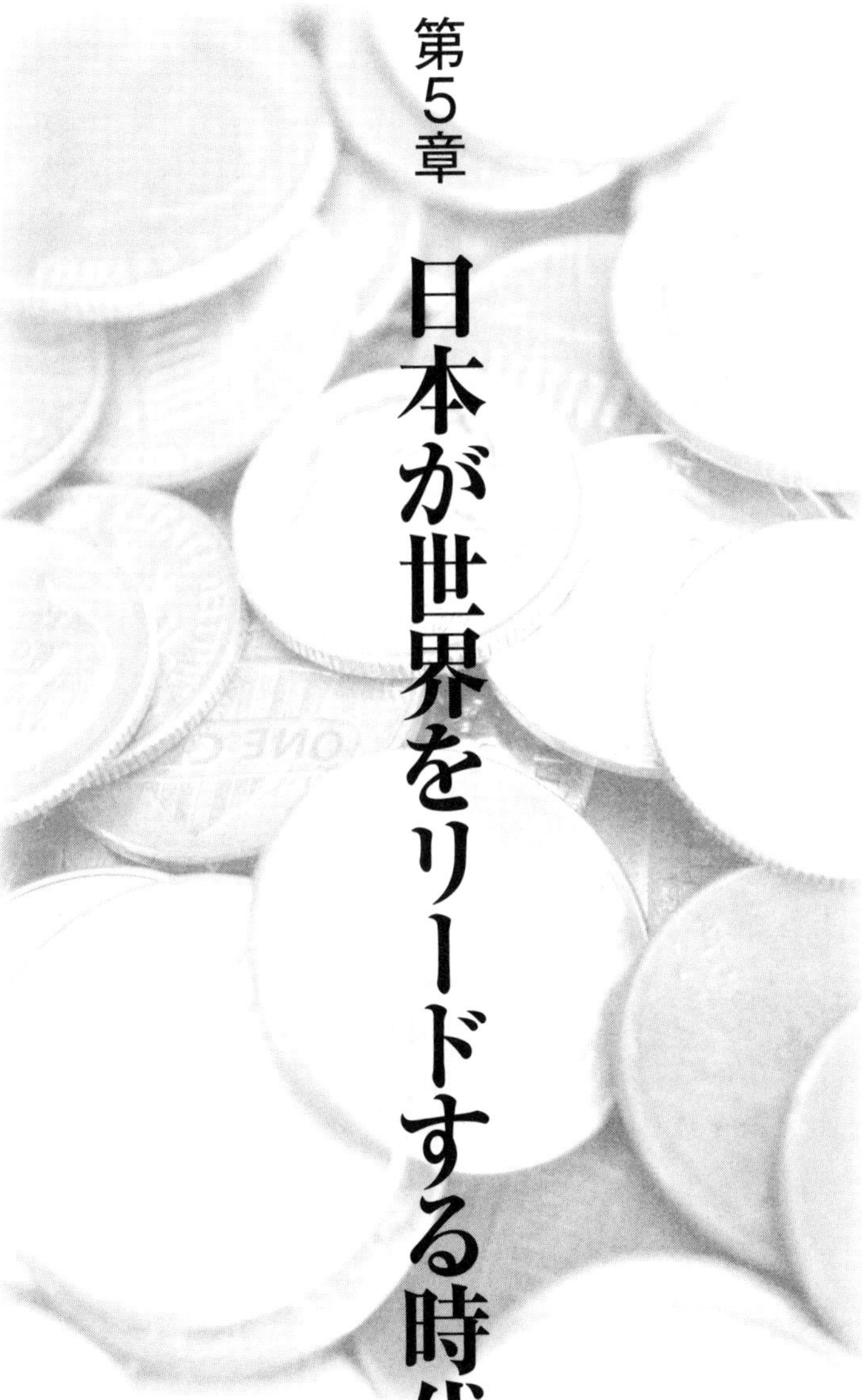

# 第5章 日本が世界をリードする時代

## 中国の成長ストーリーは終わった

すでに先の章で、今回のコロナ禍の影響によって、今後、アンチ・グローバル化とブロック経済化が進み、これに並行して脱中国化が進むと述べた。

アメリカと中国の対立が経済に限らず、他の面でもさらに激化するという話もあるが、今回のコロナ・ショックでわかったのは中国リスクが大きいということだった。世界のありとあらゆるもの、医療品までを中国に依存している状態は、非常に危険だということが露呈された。

こうした動きを鑑みて、中国に生産拠点を置く海外企業の多くが、脱中国の路線を選択し始め、日本政府は、日本企業の脱中国化を補助するために資金援助を実施すると発表（2020年4月）し、アメリカなどでも同じような提案が浮上している。

私は、今回のコロナ禍を契機に中国自体の成長ストーリーはいったん終わったと見ており、コロナ禍が終息した後も、従来のような中国への依存度を改めるべきだと思っている。

そもそも中国は、これまで安い労働力、つまり人口ボーナスを最大限に活用して急成長してきた。しかし、それは今回終焉を迎えるので、今後、中国はバブル崩壊後の日本のように低成長モデルに移行せざるを得ないだろう。

中国は2017年にグリーンランドセンターという世界で2番目に高いビル（636メートル）を武漢市に建てた。こういった派手な建造物を造ったりすると、日本もそうだったように大体バブルは終わるものだ。

また、中国は2001年にWTO（世界貿易機関）に加盟して以降、経済成長の波に乗ってWTOでの主張を強めつつ、周知のとおり、アメリカと関税を巡って貿易戦争を展開してきた。だが、トランプ前大統領は中国を念頭に「最も裕福な国が発展途上国だと主張し、ルールを逃れて優遇されている」と批判し、ついに2020年7月にWTOからの脱退の可能性を口にした。

ちなみに、WTOは、発展途上の国が自国の産業を保護するために輸入品に対して高い関税を課すことを認めている一方で、先進国市場に安く鉱工業品などを輸出できるとしている。トランプ前大統領が問題としたのはまさしくこの点で、途上国かどうかの判断は国内総生産（GDP）などの客観的な指標に基づくものではなく、その国がWTOに加盟した際の自己申告制であるため、中国が途上国という位置づけのままであったことだ。

いずれにせよ中国は、WTOにおいてこうした姿を露呈させた以上、これまでのように輸出産業で経済成長を図るというわけにはいかないだろう。また、コロナ禍を契機として海外企業の脱中国化がさらに加速すれば、一方には「一帯一路」の経済拡大政策があるにしても、内需拡大を中心とした成長路線に転換するほかないだろう。

これまで中国が国内投資に依存してきた経緯をみると、中国のGDPに占めるその投資比率は、2011年に48%であったが、現在も45%を維持しており、ここまで高い国はない。しかし、中国国内での投資は基本的に全部債務であり、どんどん借金を増やしている状態だ。中国の投資比率に近い国が韓国で、1991年には41%であったが、現在はそこまで高くない。

中国に関しては、もう一つ興味深い指標としてインクリメンタル・キャピタル・アウトプット・レシオ(限界資本係数)というものが挙げられる。この指標は1アウトプットするのに、どれくらいキャピタル(資本)を投入すればいいかということを意味する。

中国の場合、高成長時代にはこの係数がだいたい2~3の間だった。つまり、2~3の資本を入れると1をアウトプットすることができた。しかし、現在は8の資本を投入ないと1をアウトプットできない状態にある。

日本も企業の利益率が低いと言われているが、中国の場合は現在ひどい状態で、ROI(レシオ・オーバー・インベストメント:投資した資本に対しどれだけの利益が得られたかを計る指標)も現在8%となっており、これが国営企業になると2~3%という極めて低い数値だ。

つまり、中国は1978年から2006年までは2〜3人民元を投資して、GDPが1人民元になっていたことになる。その後、2014年から、9人民元を投資して1人民元にしかならなくなった。これが現在の中国の構図だ。

従って中国では、今後、借金が増えていき、10人民元の投資でようやく1人民元になるという事態が起こり得るかもしれない。とはいえ、中国での投資ストーリーもたぶん終わる。もちろん地政学的な中国リスクもあるが、中国への投資リスクをこれから諸外国の企業が本格的に認識することになるだろう。

## 日本大復活を予言する3つの新紙幣

私は、今回のコロナ禍を契機として日本が大活躍する時代、日本が世界をリードする時代が始まるに違いないと予測している。

新型コロナ・ウイルスについては、日本の薬が世界を救う可能性がある。一つはインフルエンザ以外のウイルスにも効くとして期待されているアビガン。次いで、2015年のノーベル生理学医学賞受賞者の大村智先生が発見した抗生物質のイベルメクチンは、すでに安全性も確認されている薬剤で、その有効性を科学的に確認する段階に入っている。

日本でコロナ感染が欧米に比べ少なかった原因については様々な説があるが、結核のワクチンであるBCGも注目されている。その理由は、新型コロナ・ウイルスによる死亡者が日本の場合、世界に比べて少ないのはBCGの予防接種を受けているからということだ。もちろんBCGの予防接種を受けているのは日本人だけではないが、日本のワクチンに使われている株が優秀だというのだ。

また、これは少々感覚的な話であるが、BCGをパスツール大学から日本に持ってきたのは北里柴三郎であり、今度の1000円札の顔になる。5000円札は津田塾大学の創立者・津田梅子。1万円札は「日本の資本主義の父」と呼ばれている渋沢栄一ということで、令和の日本のテーマはこれで決まりだと思えてくる。まず、北里柴三郎に象徴される健康・安心・安全、次に津田梅子に象徴される女性の活躍、そして渋沢栄一に象徴される好況な景気。

現在のようなタイミングでこの3つが揃ったというのも興味深いことで、これは日本の大復活を予言しているようなものだ。

渋沢栄一は、欧米の資本家とは違っていて、自分の富だけを築こうと思った人ではない。いろいろな会社の設立に関わっているが、それらを支配しようとしたこともない。とにかく国の発展を第一に考え、目先の利益ではなく、和を大切にしながら長期的なビジョンを持って、日本的な資本主義の考え方をする人物だった。

そして、現在の世の中の流れを見渡してみると、渋沢栄一が志向していた日本的な考え方に変わってきており、それは日本の企業・団体の長期温暖化対策に顕著だ。

経団連は、2050年を展望した経済界の長期温暖化対策の取り組みを2019年1月に示している。2015年12月の国連COP21におけるSDGs（持続可能な開発目標）採択を背景に「ESG（環境・社会・企業統治）投資」を拡大する動きがあり、企業は持続可能な社会に向けた経営姿勢を示すことが求められている。

こうした国内外の潮流を踏まえ、民間企業、団体が50年にわたって長期の温暖化に取り組む姿勢（長期ビジョン）を内外に示していくことが、ESG投資の促進、世界の温暖化対策の加速化に資するものとされている。

ここで求められている姿勢は、2030年の中期温暖化対策としての「経団連低炭素社会実行計画」とは異なり、50年先という不確実な将来を展望し、「目指すべきゴールや方向性」を経営者として示していくことである。

こうした考え方のもと、経団連が2018年10月、会員企業・団体に「長期ビジョン」の策定に向けた検討と情報提供を呼びかけた結果、策定・公表済みの企業・団体数は77、策定に向けて検討作業中の企業・団体数は184となった。
この動きは日本に限ったことではない。世界的な動きである。

## アメリカ経済の動きが日本に合うようになってきている

日経新聞に掲載されていた『米経済界「株主第一主義」見直し　従業員配慮を宣言』と題する2019年8月20日の記事は、環境や従業員に配慮した長期目標を示すものだった。アメリカの主要企業の経営者団体ビジネス・ラウンドテーブルが「株主第一主義」を見直し、従業員や地域社会の利益を尊重した事業運営に取り組むと声明を出したことが紹介されており、記事の内容は株価上昇や配当増加など投資家の利益を優先してきた米国型の資本主義の大きな転換点を示していた。

声明には同団体のJPモルガンのダイモンCEO、アマゾンのベゾスCEO、GMのバーラCEOなど、181人の経営トップが名を連ね、賛同企業は顧客や従業員、取引先、地域社会、株主といったすべての利害関係者の利益に配慮し、長期的な企業価値向上に取り組むとしており、この声明はアメリカ経済の根幹を成す「資本主義の形」を大きく見直すものだった。

これは、まだコロナ・ショックが起きる前の話であったが、今まさに、コロナ禍を契機としてこうした動きが加速している。

例えば、トランプ前大統領が救済を試みたボーイングなどの航空会社が一番批判されていることは、キャッシュを貯めずに、どんどん自社株買いに走る、いわゆる株主第一主義だ。ちなみにトランプ氏は、今回は救済するが、それで自社株を買ってはならないと言っていた。

同団体は1978年以降、定期的にコーポレートガバナンス（企業統治）原則を公表し、規約に「企業は主に株主のために存在する」と明記してきた。しかし、JPモルガンのダイモンCEOは「アメリカンドリームは存在するが揺らいでいる」と指摘した上で、行動原則の見直しは従業員や地域社会への投資継続を約束するものという声明を出している。

日本企業は近年、海外投資家から促される形で、株主重視経営への転換を迫られていたが、すべての利害関係者の利益に配慮した経営は、日本の経営者が長年、主張していた経営思想と重なる。つまり、アメリカ経済の動きが日本に合うようになってきているというわけだ。

このように世の中の流れが大きく変わるという点で、さらに注目しておくべきは、いわゆるミレニアル世代（1981年以降に生まれ、2000年以降に成人を迎えた世代）だ。

この世代の6割は「会社の主な目的を利益追求より社会貢献」と考えており、彼らは、大統領候補として注目されていた民主党のサンダースを支持していた。そして、アメリカの経済界は、優秀な人材の獲得や投資マネーの取り込みに際して同世代の影響力を無視できなくなっており、ますますこの傾向は強まっていくものと思われる。

なぜならば、コロナ禍によって今後、中国やインドなどから簡単に移民がアメリカに入国できなくなるからだ。つまり、自国民（若者）を育てることが特に重要になってくるからだ。

## 日本は世界に類を見ない長寿企業国家

日本には、中長期のビジョンを持ち、和を大切にする文化が根付いているので、業歴100年以上の老舗企業が全国に3万3259社存在しており、全社数に対する比率は2・27％になっている。

業種別で最も多かったのは、製造業の8344社（構成比25・1％）で、小売業7783社（構成比23・4％）、卸売業7359社（構成比22・1％）がこれに続く。年商規模別での最多は「1億円未満」の1万3786社（構成比41・5％）、「1〜10億円未満」は1万2986社（構成比39・0％）となっており、都道府県別では京都府の4・73％が最多である。

要は、日本には何世代にもわたって育まれてきた企業が多数存在しているわけで、世界的に見ても創立200年以上の企業の約45％は日本企業である。

また、日本には創立1000年以上という企業が7社存在している。なかでも2020年現在、創立1442年に達している建設会社・金剛組は世界最古の企業として知られている。

ちなみに金剛組は、飛鳥時代に聖徳太子の命で四天王寺の建立に携わって以来、戦乱、天災、先の大戦、経営危機など幾多の困難を乗り越えてきた。優れた宮大工100人以上を率いる現在の当主は39代目になる。

匠の技を継承し続けるのは並大抵のことではないだろうが、宮大工の伝統的技術はもちろんのこと、日本には様々な分野で、その地域やその会社、その店やその人にしかできない技術が生き続けている。やはり日本は〝もの作りの国〟だと実感することが多々ある。

しかも仕事に関わる人たちを大切にする日本的経営には、見習うべきところが非常に多いので、私は今後、日本株が買われると予測しているし、日本が大活躍する時代が目前に迫っていると思っている。

## 業21社」

| 今期PER | 実績PBR | 配当利回り | 自己資本比率 | 今期売上高 (増収率) | 今期営業利益 (増益率) | 営業利益率 | 最高益更新率 |
|---|---|---|---|---|---|---|---|
| 22.1 | 3.80 | 1.9% | 80.0% | 210,500 (2.7%) | 38,700 (4.3%) | 18.4% | 102.8% |
| 36.1 | 1.71 | 0.8% | 61.1% | 33,500 (1.2%) | 1,450 (-27.9%) | 4.3% | 63.0% |
| 9.7 | 0.61 | 2.9% | 54.1% | 37,500 (3.7%) | 3,100 (0.5%) | 8.3% | 32.0% |
| 7.7 | 0.63 | 4.1% | 53.2% | 184,500 (-2.7%) | 8,200 (-5.6%) | 4.4% | 79.4% |
| 5.4 | 0.32 | 2.9% | 30.9% | 13,000 (5.4%) | 350 (0.3%) | 2.7% | 50.8% |
| 19.0 | 0.59 | 1.7% | 45.5% | 8,800 (6.8%) | 140 (1.4%) | 1.6% | 13.6% |
| 15.2 | 0.54 | 3.1% | 49.3% | 6,100 (0.1%) | 280 (-36.2%) | 4.6% | 39.1% |
| 56.0 | 0.27 | 3.3% | 69.6% | 13,200 (4.0%) | 50 (-278.6%) | 0.4% | 3.2% |
| 6.4 | 0.37 | 3.1% | 55.4% | 120,000 (0.5%) | 3,000 (-0.3%) | 2.5% | 101.3% |
| 5.1 | 0.46 | 2.3% | 39.8% | 960,000 (1.2%) | 22,000 (4.9%) | 2.3% | 109.1% |
| 7.2 | 0.92 | 4.7% | 33.2% | 515,000 (4.3%) | 13,600 (8.7%) | 2.6% | 107.3% |
| 9.4 | 0.64 | 2.5% | 54.5% | 24,000 (-7.3%) | 830 (-25.7%) | 3.5% | 75.9% |
| 14.6 | 0.88 | 3.1% | 60.4% | 5,710 (2.2%) | 180 (56.5%) | 3.2% | 17.1% |
| 51.1 | 1.52 | 0.0% | 12.1% | 19,600 (1.1%) | 150 (-541.2%) | 0.8% | 0.3% |
| 10.7 | 0.29 | 3.0% | 4.8% | 39,300 (-13.1%) | 5,300 (-44.7%) | 13.5% | 45.1% |
| 9.2 | 0.38 | 1.9% | 8.0% | 68,700 (-2.3%) | 14,900 (-4.5%) | 21.7% | 84.6% |
| 12.9 | 0.95 | 2.1% | 45.5% | 314,500 (6.9%) | 11,500 (4.8%) | 3.7% | 49.2% |
| 11.5 | 0.44 | 1.2% | 44.4% | 9,350 (-0.7%) | 160 (6.7%) | 1.7% | 10.4% |
| 15.6 | 0.68 | 3.3% | 70.2% | 47,000 (7.0%) | 1,900 (10.1%) | 4.0% | 42.4% |
| 6.2 | 0.45 | 3.6% | 51.0% | 75,500 (3.5%) | 2,300 (-6.2%) | 3.0% | 74.8% |
| 84.2 | 0.52 | 2.2% | 68.6% | 64,500 (-0.5%) | 300 (197.0%) | 0.5% | 3.3% |
| 18.2 | 0.8 | 2.6% | 49.3% | 1.4% | | 5.2% | 52.7% |

※PER、売上高および営業利益は今期四季報予想(百万円)

## ■四季報【特色】欄からわかる業歴100年以上の「老舗企

銘柄白ヌキは今期最高益更新予想

| | コード | 銘柄名 | 会社四季報【特色】コメント | 9/19終値 | 時価総額（億円） |
|---|---|---|---|---|---|
| 9 | 4021 | 日産化学 | 1887年に化学肥料で創業。液晶配向膜等の機能性材料と農薬が収益柱。医薬、基礎化学品も | 4,560 | 6,703 |
| 10 | 4025 | 多木化学 | 肥料は1885年創業の先駆。千葉、福岡の水処理薬剤など化学品、運送業、商業施設賃貸も | 5,020 | 475 |
| 11 | 4092 | 日本化学工業 | 1893年創業の工業薬品企業。無機化学は首位級、セラミック材料強化。電池正極材も継続 | 2,436 | 217 |
| 12 | 4249 | 森六ホールディングス | 化学品と樹脂加工製品の2本柱。樹脂加工はホンダ向けが9割。点滴バッグも。1663年創業 | 2,508 | 425 |
| 13 | 5953 | 昭和鉄工 | 熱源・空調・熱処理炉など機器装置、橋の欄干など素形材、工事・保守が3本柱。1883年創業 | 1,725 | 15 |
| 14 | 5962 | 浅香工業 | ショベルのシェア5割。ラックなど物流機器強化。防災品も扱う。1661年堺打刃物商で創業 | 1,776 | 18 |
| 15 | 5969 | ロブテックス | ロブスター印のレンチなど工具が柱。空気鋲打ち機を拡販。ゴルフ練習場兼営。1888年創業 | 2,281 | 23 |
| 16 | 5973 | トーアミ | 建設・土木向けコンクリート補強用溶接金網トップ。全国営業。害獣防止柵も。1887年創業 | 454 | 29 |
| 17 | 7460 | ヤギ | 創業1893年。繊維専門商社老舗。東京に営業シフト、『タトラス』等衣料品への取り組み強化 | 1,541 | 163 |
| 18 | 7485 | 岡谷鋼機 | 鉄鋼と機械の専門商社。江戸初期創業で中部財界の名門。自動車比率3割弱。メーカー機能強化 | 9,500 | 923 |
| 19 | 8074 | ユアサ商事 | 1666年創業の老舗商社。工作機械は取扱高最大手。産業機器や空調、建材など展開領域広い | 3,165 | 733 |
| 20 | 8147 | トミタ | 1911年創業の工作機械、工具の専門商社。電子関連分野拡大。アジア主体に海外展開図る | 1,013 | 62 |
| 21 | 8215 | 銀座山形屋 | 注文紳士服の老舗大手、1907年創業。小売りと催事販売が柱。婦人服、若者向け強化中 | 1,611 | 29 |
| 22 | 8254 | さいか屋 | 神奈川の百貨店。1872年創業。藤沢店と横須賀店が主力店。町田店は管理業務を受託 | 327 | 10 |
| 23 | 8387 | 四国銀行 | 高知、徳島を中心に四国全県へ展開。1878年創業。みずほ銀と親密。高知県の指定銀行 | 1,012 | 434 |
| 24 | 8388 | 阿波銀行 | 前身は1879年創業。徳島県内預金シェアは3割と首位。関西にも展開、中小企業金融に重点 | 2,364 | 1,022 |
| 25 | 9025 | 鴻池運輸 | 1880年創業の総合物流会社。鉄鋼向けなど構内物流に強み。国内外で冷凍・冷蔵倉庫を強化 | 1,693 | 964 |
| 26 | 9073 | 京極運輸商事 | 1891年創業、JXTGHD傘下・旧新日本石油の製品輸送が主力。ドラム缶販売なども | 489 | 16 |
| 27 | 9837 | モリト | 1908年創業の服飾付属品の大手、米国社買収で金属ホックは世界首位。自動車内装資材等も | 797 | 245 |
| 28 | 9906 | 藤井産業 | 北関東地盤の電設資材・電気機器商社。施工兼営。太陽光発電も展開。1883年鍛冶業で創業 | 1,242 | 124 |
| 29 | 9982 | タキヒヨー | 名古屋地盤の繊維商社。創業は江戸中期。婦人服ほか服地に強い。しまむら向け比率が約3割 | 1,801 | 173 |
| | | | | | 515.4 |

また、自然との共生を重んじる日本は、これから自然をより大事にしようという時代になれば、世界でもこれに一番適合するのは日本であり、農業・エネルギー・建設・土木等々の分野で日本企業が必ず活躍するに違いない。

例えば、原油、天然ガス、石炭などの化石燃料が世界各地で産出されているが、私は、原油のドミナンス（優位性）は間もなく終わると思っている。原油産出量が世界第2位のサウジアラビアでさえ脱原油を唱え始め、他の産業を育てようとしており、世界的に脱原油が加速していくはずだ。ということは原油価格が安くなることを意味するわけで、これは日本にとって追い風になる。

## これから本当に価値ある観光立国化が始まる

今回のコロナ・ショックに加えて、米中の貿易戦争激化のせいもあって、インバウンド（訪日外国人観光客の誘致）の先行きを懸念したり、絶望視する向きもあるようだ。だが、いったん数字上ではダメになったとしても、日本の観光立国化は以前にも増して回復していくに違いない。

そもそも日本の周辺国は中国だけではない。例えば、中国以外のアジア諸国（インドネシア、フィリピン、ベトナム、タイ、ミャンマー、マレーシア、カンボジア、ラオス、シンガポールなど）も経済発展を遂げており、これらの国の人口を合わせると約6億人に上る。こうした国々の人が安心して行けるアジア圏の国と言えば日本である。もちろん台湾や韓国もあるが、日本ほど景勝地が多く、しかも様々なレジャーや食事が楽しめる国はないだろう。

これは、日本のソフトパワーであり、和のおもてなしを含めてクール・ジャパンと言われているが、こうしたソフトパワーは中国にはない。

では、日本を訪れる中国人観光客がいなくなるのかというと、そうではなく、要は、あまりお金を落とさない団体客に期待しなければいいだけの話だ。中国にはお金持ちがたくさんいるので、そうした人たちに来てもらえばいい。

従って、いわゆる爆買いをするような人たちを相手にするのではなく、日本の文化を本当に楽しむ人たちを呼び込むという、新しい形で日本の観光事業は発展していくはずで、日本のインバウンドが終わるのではない。

日本にはフランスに匹敵するくらいの観光資源があるので、欧米からの観光客も以前のように多数來日することだろう。

新型コロナの流行のせいで団体客が急減し、これにともなって、観光業界では外国人を雇用することもなくなっているが、観光業が復活すれば、コロナ禍のあおりで失業した人たちが雇用されることにもなるだろう。

以上のような観点から日本の観光立国化は終わっていないと言えるし、むしろ、これから本当に価値のある観光立国化が始まると私は思っている。

## 日本にはマンガ、アニメ、ゲームという強力なソフトパワーもある

日本のようなソフトパワーを構築するには時間がかかるし、経済力だけではできない。世界2位の経済大国になったといっても、ソフトパワーがまったくない中国には誰も行きたがらないし、多くの人が中国に対してよいイメージを持っていない。これは海外に行くと実感することだ。

一番顕著にそれが表れているのが料理の分野で、中華料理は安いが、日本料理はどこへ行っても高い。私はロンドンでこのことを強く感じた。ロンドンの日本料理店のなかでも特に寿司屋が高く、中華料理はおいしいのに安い。中国人やベトナム人などが日本料理店を経営していて、そうした中途半端な日本料理店よりも中華料理のほうがおいしいこともあるが、日本料理店のよさは他にない上質なコンテンツパワーだといつも実感していた。

ミシュランが三ツ星を与えているレストランの数は、日本が本国のフランスより多いのもその表れである。

また今、世の中の流れはミレニアル世代に移ってきているが、この世代は日本のソフトパワーと言えるアニメ、マンガ、ゲームで育っている。

例えば世界的なコンテンツとなったポケモン、スーパーマリオ、ハローキティ、ドラゴンボールなどに親しみ、彼らはマンガを読んだり、アニメを観たり、特にネット上のゲームや動画、音楽を楽しんでいる。

今もまだディズニー映画に代表されるようにハリウッドには強さがあり、そのエンターテイメント性は失われていない。ただし、昔はハリウッドオンリーだったが、人はあまりテレビを見ないようになっているし、映画館へも行かない。

こうした意味で日本のコンテンツパワーは、これからも世界中でもてはやされるだろう。その勢いは今回のコロナ・ショックで加速していくはずで、私は日本のソフトパワーを含んだ日本株大復活のシナリオを描いている。

## リモートワークとVRによる新時代の到来

今回のコロナ禍を契機として、多くの人がリモートワークをするようになった。これは、従来の働き方を変える大きな出来事であり、まさに「働き方改革」という言葉がピタリと当てはまる。

しかし、IT環境が整っていれば、どこでも仕事ができることがわかったとはいえ、なかには家庭でリモートワークできない人もいれば、職住接近を嫌う人もいるだろう。そうしたニーズに合わせてワークスペースを提供する事業者もすでに登場している。

リモートワークの延長線上には、オフィスは東京や大阪でなくてもいい、都会に住まなくてもいい、という発想がある。そう考えると、地方に転居して同じ企業で同じ給料を得て働くことができれば、結構余裕を持って生活できることになる。

リモートワークは多くの人たちに便利さをもたらすだけでなく、地方に住めば豊かな暮らしが享受できるようになり、住民税を地方に納めることになるので、地方にも活気が出てくるはずだ。もしかしたら、都会で子供を育てて学校に通わせるのは大変なので、地方に転居した人たちが、子供をもうける気になるかもしれない。

リモートワークは、さらにＶＲ（バーチャル・リアリティ：仮想現実）によって大きく様変わりすることだろう。現在はテレワークによってリモートワークを行っている段階だが、将来的にはＶＲがそれに取って替わるはずだ。

すでにウェアラブル端末が登場していて、その端末を装着するだけでオフィスにいるような感覚になる。日本では高齢化が進んでいるが、現役の時より体力が衰えているとしても、知識の積み重ねがあり、技術的にも経験豊富な人たちの能力をＶＲによってリモートで活かせる時代が到来する。

現在は、まだタイムラグがあるものの、これから５Ｇが普及すれば、フィジカルにその場にいなくても仕事などができるようになる。また、日本はすでに６Ｇの開発に入っているので、新たな革命を目前にしていると言える。

さらには、女性が会社を辞めなくてならない一番の理由は子育てを優先せざるを得ないからだが、それがリモートワークによって家で仕事ができるようになれば、会社を辞めなくてもすむことになる。「女性の活躍」という観点からも、時代は大きな転換期を迎えていると言えよう。

## 東京オリンピック・パラリンピックの開催は難しい

2021年夏に東京オリンピック・パラリンピックが開催できるくらい世の中が通常営業に戻っているならバンバンザイだ。しかし、冷静に考えれば、コロナ禍が収まらないうちは可能性が低いように見える。2022年の冬期北京オリンピックを開催できるかどうかも怪しい。もしクラスターでも発生したらどうなるのか。世界中から叩かれることになり、誰も責任を取れないだろう。

唯一期待できるのが、ワクチンの接種だが、すでにイギリスとアメリカでその摂取が始まっているとはいえ、その副作用や効果についてはまだ知らないものが多い。日本の場合、申請認可に時間がかかるとも言われていて、先行きに懸念がある。

また、2022年にアメリカと中国の関係が悪化して、参加予定国が冬期北京オリンピックをボイコットすることも考えられる。

1916年にドイツ帝国で開催されるはずだったベルリンオリンピックは、長引く第一次世界大戦のせいで中止になり、1936年のベルリンオリンピックは、ナチスドイツのプロパガンダに利用され、アメリカを初め、世界中からボイコットすべきとの声が上がった。さらには、社会主義陣営で初めて開催されることになった1980年のモスクワオリンピックは、その前年に起きたソ連のアフガニスタン侵攻の影響を受け、50カ国近くがボイコットしている。

もちろん、こうした時代と現在とでは、未だに内乱状態や独裁政権が続いている国・地域はあっても、世界の状況はまったく異なっている。

しかし、未来のことはよくわからないないし、コロナ禍で2020年がこんな事態なることは誰も予想していなかった。

とはいえ、何事も考え方次第だ。歴史は繰り返すと言われているが、2020年は、1月3日にイラン革命防衛隊のソレイマニ司令官が暗殺されたことに始まり、11月末にはイランで核開発の中心的役割を担っていた核科学者のモフセン・ファクリザデが暗殺された。つまり、これは暗い出来事ではあるが、ほぼ一周して同じような状況を迎えている。

相場の世界も2020年は上昇して始まり、暴落した後、年末に向かって再上昇しており、丁度、一周して始まったところへ戻っている状況だ。

私たちは激動の時代を生きている。コロナ禍は終息していないが、コロナ禍によってリモートワークを初め、気付かされたことも多くあるわけだから、東京オリンピック・パラリンピックが中止になるとしたら残念ではあるものの、すべてが悪いと決めつけることはできない。

逆境を乗り越えて人が強くなるように、経済や株価なども再び上昇するだろう。その予兆を一番感じさせるのが日本であり、現在の状況は日本にとって追風になっていると見る。日本の株価が上がらなかった背景、経済的悲観論の背景には、少子高齢化の問題があるが、これは日本に限ったことではなく、いずれの国・地域も同じだ。低金利、低成長という状況にも大した差はない。

私は「3蜜」ではなく、日本を「3安」の国だと思っている。日本ほど安心・安全・安定を維持している国はない。今後、コロナ後の世界ではこの「3安」が重要になり、コロナ禍がもたらした災厄をバネにして世界経済は成長することだろう。その過程でモデルになるのが日本の「3安」だと私は思っている。

## パンデミックで経済活動を止めるわけにはいかない

公式的にはWHOが終息宣言するまで新型コロナ・ウイルスのパンデミック（感染症の世界的な流行）は終わらないことになる。しかし、WHOは機能していないに等しく、その姿勢がパンデミック発生元の中国寄りだとして、トランプ前大統領は2020年7月に

ＷＨＯからの脱退を決めた。

コロナ禍の先行きはどうなるのかと言うと、各国各様に独自のデータに基づいて検査体制の整備や医療設備の拡張・充実化を図ってきている。特効薬の開発が急がれているなか、抗体ワクチンの投与も間もなく実施される見込みであるし、ウイルスが凶暴なウイルスに変異しない限り（すでにイギリスで変異ウイルス発生したという情報もある）、徐々にではあろうが、パンデミックは沈静化していくと思われる。

残念ながら東京オリンピック・パラリンピックは延期どころか、開催が危ぶまれる状態に陥っていると思われるが、パンデミックでいちいち経済活動を止めていたら、人類はここまで発展できなかったはずだ。

これまでパンデミックは何度も起きている。１９８１年以降は【図表Ｐ１４８】に示されているとおり、大体40年→10年→40年→10年という決まったサイクルで発生しており、このサイクルが続くとすれば、次のサイクルは40年になる可能性がある。

１８８９（明治22）年に発生した旧アジア・インフルエンザでは、ヨーロッパだけで約25万人が死亡したとされている。日本でも翌年2月頃から大流行したが、死者数は不明だ。同年6月には長崎でコレラが発生し、３万人以上の死者が出たとされている。また、この頃から日本ではインフルエンザのことを流行性感冒（流感）と呼ぶようになった。

## ■パンデミックのサイクル

2018(平30)年11月、政府広報オンラインに
「新型インフルエンザの発生に備えて～1人ひとりができる対策を知っておこう～」というサイトが、
同12月には内閣官房ホームページに
「2018-2019新型インフルエンザ特設ページ」が開設される。

新型インフルは一定の周期(＝サイクル)があり、
2018年はスペインインフル(1918年発生)から100年目、
19年は新型インフルエンザ(2009年発生)から10年目の
節目にあたり、そのタイミングで注意勧告がなされた。
テクニカル分析の「サイクル論」と同じ考え方で過去のサイクルから将来起きる出来事を予測する手法である。
過去のパンデミックサイクルは下図のとおりで、
特に1918年以降は、大体「40年→10年→40年→10年」の
決まったサイクルが発生していた。
このサイクルが続くのなら次の
サイクルは40年になる可能性がある。

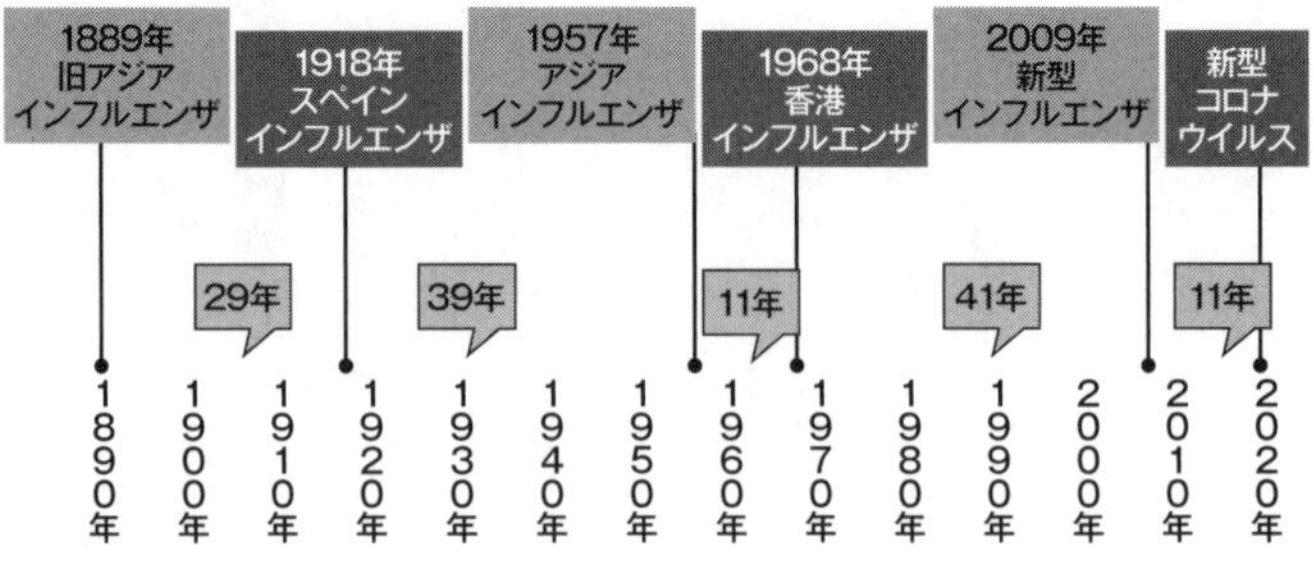

1918（大正7）年には全世界でスペイン・インフルエンザが大流行し、当時の世界人口約20億人のうち3分の1以上が感染して死者は数千万人に上り、日本の死者は38万人に達した。翌年2月の東京日日新聞は「世界風邪で恐ろしい死亡者、安政虎疫（コレラ）以来の大惨状」と題し、東京市内だけで1日250人ほどの死亡者が出ていると、その惨状を伝えている。

1957（昭和32）年のアジア・インフルエンザの際は、日本でも6月に全国で猛威をふるい、学童50万人以上が罹患し、1200校が休校する事態になった。

上記以前のパンデミックとしては、14世紀にヨーロッパで大流行したペスト（黒死病）によって、当時のヨーロッパ総人口の約3分の1に当たる2500万人から3000万人が死亡。16世紀に天然痘が南北アメリカ大陸で猛威をふるったときは、先住民の人口が約10分の1に減少し、これがインカ帝国滅亡の要因になったとされている。

死亡者数だけで言えば、エイズもすごかった。

1981年に最初のエイズ患者が発見されて以来、約7610万人がHIV（ヒト免疫不全ウイルス）に感染し、約3500万人がエイズ（後天性免疫不全症候群）関連の疾病で死亡している。また、2016年の1年間だけでも新たに約180万人がHIVに感染し、約100万人がエイズで死亡している。

今回のコロナ禍に話を戻す。

ロックダウンや自粛生活にいい加減辟易したという声も聞かれるが、当面は仕方がない。危険なものだとして受け止めるしかなく、かといって生活のためには休むわけにはいかず、働かないわけにはいかないというのが、実状だろう。

日本人の忍耐強さや真面目さは阪神淡路大震災（1995年1月）、東日本大震災とこれにともなう福島原発事故（2011年3月）の際、地域住民の整然とした行動などで証明されているものの、マスク着用を怠らず、3密を避け、ソーシャルディスタンスを心掛けている人たちを見るにつけ、今回のコロナ禍にもよく耐えているという印象を持つ。それは、日本の新型コロナ・ウイルスの感染者数・死亡者が諸外国に比べて少ないことに表れている（図表P151参照）。

## 新型コロナ・ウイルスを発生させた中国の責任

ところで、自然災害であれば、いたし方ないとも思えるだろうが、今回の新型コロナ・ウイルスは、そもそも中国の武漢で発生し、その初期の対応の悪さが世界的なパンデミックとなったことを考えれば、まさに人災だと言える。

## ■国別新型コロナ感染者と死亡者数（1～25位）

| | | 感染者 |
|---|---|---|
| 1 | 米国 | 18,458,373 |
| 2 | インド | 10,123,778 |
| 3 | ブラジル | 7,365,517 |
| 4 | ロシア | 2,905,196 |
| 5 | フランス | 2,562,615 |
| 6 | 英国 | 2,155,996 |
| 7 | トルコ | 2,082,610 |
| 8 | イタリア | 1,991,278 |
| 9 | スペイン | 1,842,289 |
| 10 | ドイツ | 1,604,129 |
| 11 | アルゼンチン | 1,563,865 |
| 12 | コロンビア | 1,544,826 |
| 13 | メキシコ | 1,350,079 |
| 14 | ポーランド | 1,226,883 |
| 15 | イラン | 1,177,004 |
| 16 | ウクライナ | 1,018,199 |
| 17 | ペルー | 1,000,153 |
| 18 | 南アフリカ | 954,258 |
| 19 | オランダ | 731,902 |
| 20 | インドネシア | 685,639 |
| 21 | チェコ | 646,312 |
| 22 | ベルギー | 632,321 |
| 23 | ルーマニア | 604,251 |
| 24 | チリ | 590,914 |
| 25 | イラク | 587,676 |
| ⸾ | | |
| 45 | 日本 | 206,139 |

| | | 死亡者 |
|---|---|---|
| 1 | 米国 | 326,124 |
| 2 | ブラジル | 189,220 |
| 3 | インド | 146,756 |
| 4 | メキシコ | 120,311 |
| 5 | イタリア | 70,395 |
| 6 | 英国 | 69,157 |
| 7 | フランス | 62,098 |
| 8 | イラン | 54,156 |
| 9 | ロシア | 51,810 |
| 10 | スペイン | 49,698 |
| 11 | アルゼンチン | 42,314 |
| 12 | コロンビア | 41,174 |
| 13 | ペルー | 37,218 |
| 14 | ドイツ | 28,909 |
| 15 | ポーランド | 26,255 |
| 16 | 南アフリカ | 25,657 |
| 17 | インドネシア | 20,408 |
| 18 | ベルギー | 18,939 |
| 19 | トルコ | 18,861 |
| 20 | ウクライナ | 17,823 |
| 21 | チリ | 16,228 |
| 22 | ルーマニア | 14,766 |
| 23 | カナダ | 14,616 |
| 24 | エクアドル | 13,962 |
| 25 | イラク | 12,737 |
| ⸾ | | |
| 51 | 日本 | 3,050 |

※厚生労働省発表「新型コロナウイルス感染症の現在の状況と厚生労働省の対応について」（2020年12月24日）

従って中国の責任は極めて重く、トランプ前大統領が「中国の責任を追及する」と発言したのも頷ける話である。

また、もしウイルスの発生が日本やアメリカであったとしたら、中国の態度は推して知るべしで、その様子は想像するに難くない。それこそ蜂の巣を突いたような騒ぎになることだろう。

それに、武漢市が観光客を呼び戻そうとして7月から連日、市内のテーマパークで音楽イベントを開催している様子がユーチューブで紹介されていた。思わずあいた口が塞がらないとはこのことだ。プールサイドにひしめく観客数は3千人規模、半裸状態の若者がマスクもせずに密になって、いち早くコロナ禍から抜けることができたとして騒いでいる光景は異常だった。

いずれにせよ中国の失態は中国に跳ね返っていくはずで、中国寄りだったヨーロッパの国々も「もうこりごりだ」という思いに駆られているはずだ。新型コロナ・ウイルスに感染し、一時はICUに入っていたイギリスのジョンソン首相が無事退院できたからよかったものの、もし亡くなりでもしていたら、それは戦争の火種になりかねなかっただろう。思わず、1914年にオーストリア＝ハンガリー帝国の皇太子夫妻がサラエボで暗殺された事件が第一次大戦の火種になったことを想起してしまう。

さらに言及するならば、トランプ前大統領の「チャイナ・ウイルス」という言葉の裏には、〝中国のバイオテロ〟という意味が含まれていると見る向きもあるようだが、この見方はあながち否定できない。

つまり、「自分のところがやられたから、全世界にも広げた」と憶測することもできる。なぜならば、2019年12月に感染症とわかっていたにもかかわらず、春節（旧正月）の時に自国民の移動を止めなかったせいで、全世界のパンデミックとなってしまったからだ。しかも全世界に広めておいて、武漢を訪れたアメリカ人のせいにするという言い訳も恥ずかしい限りだ。

従って、中国に対する風当たりは厳しくなる一方で、すでにそうした動きがアメリカでは起きている。

中国人へのビザ発給・更新が従来のように簡単にできなくなるだろうし。中国に帰国した留学生は、アメリカに戻ることが難しくなるかもしれない。大学だけはなく、企業や研究機関からも中国人は閉め出されるかもしれない。まずはこうした形でアメリカはコロナ禍の代償を中国に払わせる可能性がある。

## 香港市場を日本へ

日本は早く国際金融都市をつくるべきだ。香港市場を丸ごと日本に移すチャンスがきたと私は思っている。今、アクションを起こさないと、このような絶好のチャンスは二度と訪れないだろう。

米中が対立しているからこそ、中国は習近平体制の下、香港を事実上本土に統一した。当然、国際金融センターを米国と敵対している国に置きたくないはずだ。その代替地を探しているとすれば、場所は東京、福岡、大阪等々のどこでもよいから、丸ごと日本に誘致する行動を、「べき論」ではなく、即取るべきだろう。

日本は「べき論」は得意だが、多くの場合、決定までに時間がかかり過ぎる。その典型的な例が「カジノ構想」だ。しかし、すでにこの構想は消え失せたと考える。グズグズしていれば「カジノ構想」と同じように日本に国際金融センターを設けることはできなくなるだろう。

現状のままでは〝日本の国際金融センター〟は実現しない。まずは規制をすべて香港並みに変える必要があるし、そのための法律を新たに設ける、あるいは経済特区・自治区をつくるなど、思い切った改革を行うべきだろう。

香港から国際金融センターを維持するための人・モノ・カネのリソースを丸ごと日本に移すようにしたり、外国人の採用について特令を設けたり、日本に帰化した外国人を採用してもいい。そのように準備して、このチャンスを逃さないようにしてほしいものだ。

オーバーに言えば、黒舟以来の日本を新たに開拓する絶好のチャンス到来だ、と私は思っている。抵抗勢力のグダグダ話をいちいち聞いていたら、結局、何もできないで終わってしまう。

## 全世界でこれからインフレが発生する

周知のとおり、コロナ禍を受けて全国民に10万円の特別定額給付金が支給され、事業規模では117兆円の経済対策が国会で採択された。また、2020年12月に菅政権は事業規模が総額73兆6000億円となる新たな経済対策を打ち出した。日本の経済対策はGDPの42・5%に相当し、先進国中でも対GDP比で最大規模である。

しかし、その財源はどうするのか……。国債で賄うとすれば、それは結局国民に跳ね返ってくるのではないか、と心配する向きも多いようだ。

世界主要国の経済対策はトータルで約10兆ドルを超える。つまり、全世界で約1000兆円以上が計上されている。

そして、これが何を意味するのかと言えば、それだけどんどんお金を刷っているということである。本格的な景気回復がまだ見えないので、すぐではないが中長期ではインフレが発生せざるを得ない。

2008年のリーマン・ショック以降、世界的に量的緩和策がとられ、お金をどんどん刷ったが、インフレにはならなかった。その理由は、お金の量も増えたが、世界の生産も増えたからだ。先進国はむしろ低インフレに陥ったので、供給が需要よりも増えたことがわかる。

だが今回は、コロナ禍によってすでに供給量は減っているし、景気が回復しても元に戻るかどうか不明である。

従って供給が減れば価格が上がるのは理の当然で、例えば半導体の価格がすでに上げ始めている。その影響でゲーム機の値段が上がり、ニンテンドースイッチやPS4は、一時手に入らない状況だった。新しく発売されたPS5もやはりなかなか手に入らず、ネットの買い物サイトで価格が高騰している。

こうしたことから推測できることは、これからモノの値段が上がる、つまり全世界でインフレが発生するということだ。

ひと昔前は、テレビの値段は30〜40万円もしていた。それが現在5〜6万円で買えるようになっているが、今後はおそらく20〜30万円の時代に逆戻りするはずだ。ノートパソコンも以前は20万円、ラップトップ型であれば30万円もしていたが、現在は10万円以下で買える。これもまた20〜30万円という値段になるだろう。

実は特にハイエンドのスマホについてはこの現象が発生している。例えば2020年11月に発売されたiPhone12のPro Maxという上位機種は17万円もする。同じく韓国サムスンのギャラクシーシリーズの上位機種の価格も15万円を超えている。

そもそもこれまでのデフレは中国によってもたらされていた。衣料品、生活雑貨、家電、家具、あるいは工業用部品など、ありとあらゆる消費材が中国で作られ、海外企業も賃金が安かった中国に生産拠点を置いていた。

しかし、これから世の中に溢れかえっていた中国製品はブロックされ、簡単に世界を相手に商売ができなくなる。世界的に事業を展開しているアマゾンなどの大手オンラインリテーラーにおいても価格が上昇するはずだ。

トランプ大統領は2020年3月からアマゾンなどネット通販業者が不当に安い料金で商品を配達し、郵政公社の収益を圧迫していると繰り返し主張していた。また、その翌4

月には、2017年まで11年連続で赤字を出していた郵政公社の経営状況の点検を命じる大統領令を発令し、「郵政公社は持続不可能な財政状況に陥っており、納税者の負担となる救済措置を防ぐために改革が必要だ」と指摘していた。

以上の点から、中国から配達される中国製品は今後、高くなることは明らかで、従来のようにアマゾンやアリババで購入して、中国の倉庫から送られてくるというビジネスモデルは成り立たなくなる。

要は、〝中国発デフレ〟は終焉を迎えるわけで、となれば必然的に先述したテレビやパソコンなどの消費材の価格は上がっていくことになるだろう。これは消費者から見ると悪いことのように思えるが、価格競争力が生まれ、結局は付加価値の高い日本製品が買われることになるので、日本にとっては悪いことではない。

今までは、逆にモノに価値がなさすぎたと言える。手間暇かけて研究開発を重ね、ようやく製品化したモノであっても、すぐに中国に真似されるし、家電製品に代表されるように、安すぎた感が否めない。だが、デフレから脱却すれば物価が上昇し、以前のような時代に戻ることになる。すると、ちょっと壊れたら捨てて新しいものを買うということはせずに、修理しよう、リサイクルしようということになるので、これまで以上に環境に配慮した時代になるはずだ。

では、インフレの時代が来るとして、何を心掛けるべきか。預金を持っている人は目減りするので要注意だ。反対に借金を抱えている人は、固定金利であれば得をするはずで、固定金利で借金が可能ならば、家屋などの不動産を購入するとよいだろう。変動金利は不利なので、なるべく固定金利に変えるべきで、国債は金利が上昇して価格が下がるので買うべきではない。

一方、金は70年代のインフレの時期を振り返ればわかるとおり、上がっていくはずで、現物資産、株式のようなリスク資産も上がるだろう。

また、究極のインフレヘッジ資産の一つはビットコインだと考える。ビットコインが再び市場最高値に近づいた背景にはインフレの上昇懸念がある。ストックとフローの比率で見た場合にビットコインはもっとも希少な資産と言える。

日本は、これまで30年間デフレだった。デフレの時は基本的にキャッシュ・イズ・キング（王）だ。つまり現金を持っている者が強い。

反対にインフレの時は、キャッシュ・イズ・トラッシュ（ゴミ）であるから、現金は絶対に持っていてはいけない。

世界的なベストセラーとなった『21世紀の資本』の著者、フランスの経済学者トマ・ピケティは資産税導入を提案しているが、「インフレは隠れた資産税（を形成する）」と言うことができる。

ところで、「インフレの時代が来る」などと言うと、どうしても大量の札束で商品を購入している最貧国のハイパーインフレを連想してしまう人がいるようだが、結論を先に言えば、大量にお金を刷り、大量に国債を発行しても日本でハイパーインフレが起きることはない。

もちろん、やり過ぎれば社会自体の仕組みが壊れ、経済自体が立ち行かなくなるだろうが、そこまでのハイパーインフレが日本で起きることはなく、ある程度ゆるやかな一桁台のインフレが起きると推測する。

また、そうであれば、今の日本の借金は目減りしていくはずなので、つまり国債を長期で持つのは避けるべきだということになる。

## グローバリズムの弊害

今回のコロナ禍で世界中の人が身に染みてわかったのがマスク不足だった。

特に家庭用マスクは大した技術を必要としないローテク製品であって、素材はガーゼもしくは紙製品の不織布であるのに、なかなか行き渡らなかったために、何十倍もの値段で売る輩もいた。

なぜ、このようなことが起きたかと言えば、その生産をほとんど中国に依存していたからだ。これほどグローバリズムの弊害を端的に顕した例はない。従って今後は、とりわけ緊急を要するクリティカルな製品については、国内で作ろうという動きが加速していくはずだ。

また、2020年1月末にEU（欧州連合）からイギリスが脱退したことは、EUにとっては大きなマイナス要因となった。これもグローバリズムの弊害であり、EUもシェンゲン協定（ヨーロッパの国家間において国境検査なしで国境を越えることを許可する協定）をなくすなどして、再編する必要があるだろう。

もう一つの方法としては、ドイツがユーロから脱退して、ドイツマルクを復活させることが考えられる。ドイツマルクが復活すれば共通通貨のユーロが下がり、ドイツ以外のユーロ圏の国々において、賃金等々の製造コストが軽減されることになり、製造業や観光業が甦って、各国の経済が復活するはずだ。

これまでユーロ圏においては、「EUの優等生」と言われてきたとおり、ドイツだけが突出して競争力を得ていた。しかし、ヨーロッパ全体の将来を考えれば、EU各国が自国通貨に戻すよりも、ドイツマルクだけを復活させることが最良の策と思える。

ユーロが下がれば、ヨーロッパでも裕福なドイツ、オランダ、北欧の人たちがイタリア、フランス、スペイン、ギリシャなどを観光することになるだろうし、こうした国々への投資活動も活発になるだろう。

EUでは従来、ギリシャ、スペイン、イタリアのように、実力がドイツ並みではない、もしくは日本並みではない国の最低賃金が、ドイツや日本並みという弊害が起きていた。こうしたことでは経済環境を安定して持続できるはずもなく、結局は、ネオリベラル的な経済政策、要するに企業の利益主義の行き過ぎが露呈されることになった。

本当の意味で国境がすべて排除され、ユーロ政府のようなものができて、ユーロ圏が一つの国のようになれば問題がなかったかもしれない。しかし、アンチグローバル化の動きによって、それができないことがわかった。

その象徴的な出来事がイギリスのEU離脱だった。

従ってこれからは、ミレニアル世代の価値観も変わってきているので、利益重視よりも他人に気を使う、社会重視でいこうという流れになるはずだ。また、そうせざるを得ない。そうしなければヨーロッパの国々は中国と対抗できなくなる可能性がある。

## アメリカ大統領選挙の結果

２０２０年11月の大統領選挙で共和党のトランプ氏と民主党のバイデン氏が対立し、バイデン氏が勝利した。新型コロナ・ウイルスが発生する前までは、失業率の改善、株価の高さなど経済面で勝負が決まるはずだったのでトランプ氏は圧倒的に有利だった。

しかし、コロナ禍によってすべてがひっくり返った。新型コロナ・ウイルスによる感染者数・死者数が世界で一番多くなったのは、トランプ政権（当時）の対応が悪かったからとの理由で白人票がトランプからバイデンに流れた。その象徴は前回の大統領選でトランプ大統領が僅差で勝利した、いわゆるラストベルト（さびついた工業地帯）と呼ばれるミシガン・オハイオ・ウィスコンシン・ペンシルベニア州のうちオハイオ州を除いてすべてにおいてバイデン氏が勝利したことである。

さらには、白人警察官が黒人に暴行を加え死亡させてしまった同年5月、続いて8月の事件が契機となり、黒人差別に対する反対運動が国内に限らず、諸外国にまで広がり、トランプ政権はその対応も批判された。

しかし、不思議なことにトランプ大統領は黒人からの支持率を伸ばした。米国の政治構造は複雑で、黒人やヒスパニックだから全員民主党に入れるというわけではない。例えばヒスパニックにも色々な国の出身の人がいる。フロリダ州に多く住んでいるキューバ系のヒスパニックはトランプ大統領を支持している人が多い一方で、カリフォルニア州に住んでいるヒスパニックは民主党支持が多いのである。

## カマラ・ハリス副大統領がインド系黒人であることに注目する

一方、バイデン氏のほうはというと、日本経済新聞（2020年8月22日）に「バイデン氏、環境・ITに3兆ドル　巨額投資〈ニューディール〉言及、雇用・産業再建 前面に」と銘打った記事が掲載されていた。この記事によれば、4年間で2兆ドルという過去最大規模の資金を環境インフラ部門投じることを公共投資計画の中核に据え、数百万人規模の新規就労を生み出すと訴えていた。

また、バイデン氏と言えば、8月にカマラ・ハリス上院議員を副大統領候補に指名し、黒人女性としては初の副大統領ということで注目された。だが、ニューズウィークによれば、2019年11月の世論調査では黒人からの支持率はわずか5%にすぎず、バイデン氏の43%に遠く及ばない4位だったと伝わっており、実は黒人から人気がないとされていた。

　こうした状況はともかくとして、私は彼女が黒人女性だということよりインド系であることに注目している。日本とインドは対中包囲網に形成するうえで米国にとってもっとも重要な国々である。インド系の女性が副大統領になることに大きな意義があるだろう。

　ところで、なぜバイデン氏はラテン系に支持されているグレシャム・ニューメキシコ州知事、あるいは外交・安全保障の経験があるスーザン・ライス氏などを選択しなかったのか。その舌鋒の鋭さがトランプ陣営に切り込む際に役立つと考えたのかもしれないが、ハリス上院議員を選んだ一番の理由は資金集めと党内事情を配慮してのことだと推測する。

　バイデン氏はオバマ大統領時代（２００９～２０１７年）に第47代副大統領を務め、オバマケア（国民皆保険制度）を支持し、２０１０年３月にオバマ政権は医療保険制度改革法を成立させている。

## バイデン勝利を振り返って

　アメリカ大統領選で当選を確実にした民主党のバイデン前副大統領は、２０２０年11月24日、地元の東部デラウェア州で記者会見に臨んだ。外交政策について「同盟国と連携すればアメリカは最強になる」と強調し、トランプ政権の「アメリカ第一主義」の外交を刷新して国際協調路線に回帰する姿勢を鮮明にした。

この姿勢を裏付けるように、外交・安全保障分野の主な人事は、オバマ前政権の高官を中心とした実務経験が豊富な布陣だ。バイデン氏は「このチームはかつてのアメリカが戻ってきたことを示している」とも述べ、国際社会において指導的役割を担う決意を示している。

この布陣を見れば、バイデン政権の方向性がだいぶ見えてくる。重要な人物としてまず注目されるのが、外交の舵取り役を担う国務長官に抜擢されたアントニー・ブリンケン氏だ。同氏はバイデン氏と20年来の長い付き合いがあり、国際協調を重視している。

オバマ時代に国務副長官を務めたことがあり、クリントン元大統領のスピーチ・ライターでもあった。フランスで勉強していた経緯からか、フランス好きと言われ、国際派ともされている。また、紛争問題では、アメリカはシリア内乱などにもっと介入すべきだというのが持論だ。

バイデン政権のテーマが「アメリカ・イズ・バック」であることを考えると、今後、アメリカは積極的に世界貢献への道を歩むだろう。

トランプ政権はどちらかと言うと内政重視で、あまり海外の紛争に介入する姿勢を示さなかった。

だが、バイデン氏は180度真逆の方向で、アメリカを国際舞台に復帰させようとしており、そのための人事としてブリンケン氏は代表的な人物となる。

他のメンバーも見ての通り、国際色豊かというか、多種多様な人事をしている。ジェーク・サリヴァン大統領補佐官は、オバマ政権で中東からアジアに重点を移すリバランス政策で重要な役割を担った。黒人女性のリンダ・トーマスグリーンフィールド国連大使は、国務省に35年間務めた外交官。アレハンドロ・マヨルカス国土安全保障省長官はキューバで生まれで、実現すれば中南米系として初の同長官に。民主党の重鎮として知られるジョン・ケリー大統領特使は、気候変動問題に取り組むと同時にパリ協定やイラン核合意の実現を主導することになる。また、アブリル・ヘインズ国家情報長官は、女性初の同長官として就任する。

次に重要な人物として注目されるのが、元FRB議長のジャネット・イエレン氏だ。FRB時代にハト派として知られていた彼女が財務長官として抜擢された。この人事が何を意味するかというと、多くの人が心配していたアメリカの金融緩和路線に変更はなく継続されるということだ。

以上のように、バイデン政権にはテクノクラート的な専門家がかなり入ることになり、一時期、エリザベス・ウォーレン上院議員やバーニー・サンダース上院議員を採用するのではと噂されていたが、そのようにならなかった。民主党の大統領候補として名を連ねていたようなパワフルすぎる人たちがたくさんいると、政権の運営がしづらくなるので、この結果は当然の成り行きだろう。

バイデン氏はトランプ氏と違い、50年近く政治家を務めてきた官僚型の政治家であるので議会の動かし方もよくわかっているだろう。人事からも推測できるように、経験豊富な人たちを採用しているので、安定した政権になると私は見ている。

ただし、バイデン氏が非常に難しい時期に政権を執ることになったのは否めない。

コロナ禍と景気後退の真っただ中で、トランプ氏は大統領選の終盤でかなり健闘し、思った以上にアメリカはポピュリズムの旋風が強いことがわかった。一時期、トリプル・ブルー（バイデン氏が大統領選で勝利し、上下両院とも民主党が制すること。民主党のシンボルカラーはブルーであることに由来する）は確定ではないかとまで言われていた。だが、そうはならなかった。

最終的には2021年1月のジョージア州における決選投票次第だが、民主党は今回の大統領選で下院でもかなり議席を失っているので、このタイミングで政権を執ることになれば、2年後の中間選挙の時も、相当厳しい闘いになる可能性がある。

とはいえ、今回のトランプVSバイデンの闘いは、コロナとの闘いを優先するのか、経済を優先するのかという二択の闘いでもあった。アメリカ国民の民意は総じて、まずコロナ禍を何とかしてほしいということだった。

このことが何を意味しているのかと言うと、当然ながら、バイデン氏はトランプ氏と同じことはできないので、大統領就任後、大型のロックダウンを行う可能性がある。とすれば、経済にとって、あるいは相場にとってはマイナスのファクターが強まる。

一方、バイデン新政権としては、もちろん大規模な財政出動も視野に入れているだろうが、それが可能か否かは、上院で過半数を取れるかどうかにかかっているので、2021年1月の決選投票次第ということになる。

## バイデン政権誕生で何が変わるか

〝バイデン当確〟後、まだトランプの逆転を期待している人もそれなりにいたが、それは100％あり得ない。もし本当にそう思っているとすれば、合衆国の政治システムをあまり理解していないか、もしくはポジション・トークと言うほかない。そんな話は論外として、バイデン政権の誕生によって何が変わるのか俯瞰してみたい。

## 【外交政策】

同盟国との連携、人権・民主主義を重要視して、アメリカ・ファーストの論調はやめる。対中の強硬姿勢は継続するが、コロナ・環境・核兵器という大きなテーマで中国との対話も探る。

例えば、中国の人権、民主主義、少数民族への弾圧等々の問題に対して、経済的な貿易赤字・黒字という問題だけではなく、理念の戦いにシフトしたほうが、バイデン政権としては同盟国をまとめやすくなる。と同時に、中国を多様な面から包囲しやすくなるので、こうした方針を打ち出されると、中国としてはトランプ政権よりも経済・外交・軍事等々の面でやりづらくなるだろう。

つまり、トランプ政権の「反中」は金で解決できるが、バイデン政権の「反中」は金で解決できないというのが重要なポイントだ。思想の闘いはお金で解決できないことを示した点が、トランプ政権との大きな違いだろう。

また、こうした観点で考えてみると、日本の場合、一部の保守派が何を思っているのか判然としないし、対中政策について、はなはだ勘違いしているように私は感じている。

## バイデン氏の次男への疑惑は氷山の一角

ここで、本論からやや外れるが、バイデン氏の次男ハンター氏が司法当局の捜査を受けていたことについて触れておきたい。

ハンター氏はウクライナの天然ガス会社ブリスマから役員報酬を受け取っていたこと、さらには中国の投資ファンド会社の取締役も務めていたことなどから、「外国との不適切な関係」がたびたび指摘されていた。また、この問題をトランプ氏が選挙戦を展開している時に、盛んに揶揄していたこともまだ記憶に新しい。

「火のないところ煙は立たない」の喩《たと》えのとおり、とりわけ中国との関係については根拠がゼロということではない。それはそうなのだが、私が指摘したいのは、アメリカの政治家は結構、中国とお金でつながっていて、ハンター氏への疑惑は氷山の一角にすぎないということだ。アメリカと中国の経済的な関係はかなり奥深く、そこには民主党、共和党の枠を越えた以上のもの、隠れた暗部がある。

例えば、共和党の上院多数党院内総務を担っているミッチ・マコーネル上院議員の2番目の奥さん（イレーン・チャオ氏）は台湾系で、父親は中国から台湾に渡った人物である。

彼は上海交通大学で江沢民と同級生だった。この父親が有名な海運企業であるフォーモストグループを経営していて、マコーネル上院議員の奥さん経由でアメリカと中国との貿易の大きな部分を、彼の海運会社が担っている。フォーモストグループの船を造っているのは中国船舶集団であり、そのファイナンスも中国政府が提供している。

彼女はブッシュ政権時に労働長官を務め、トランプ政権では運輸長官を務めており、要は閣僚級のポストに就いていた。その期間は、アメリカから中国へ仕事とカネがどんどん流れていった、つまり対中貿易赤字が拡大していった時期だ。その張本人を共和党が閣僚として処遇していた事実を鑑みれば、共和党は本当に「反中」と言える立場なのか、大いに疑問だ。

さらに言えば、トランプ氏の最大のスポンサーがカジノ勢だということも指摘しておくべきだろう。つまりトランプ・キャンペーンに大量に寄付している人たちの中にカジノ勢がいたわけだ。トランプ氏自身も元カジノのオーナーとして知られている。今のアメリカのカジノ大手の収益のほとんどはアメリカではなく、マカオから来ている。マカオは中国の一部であり、習近平の一言でカジノを閉鎖できることを考えると、彼らは当然ながら中国との本格的な対立を望んでいない。

こうした米中関係もありながら、アメリカは、今後も中国と対立関係にあるのだ。これが〝新しい冷戦〟だということを理解して、そうした中で日本の立ち位置を決め、誰がアメリカの大統領になろうと、アメリカの変化に日本は合わせていかなければならないだろう。

## バイデン大統領誕生で焦る中国、それ以上に困るロシア

〝バイデン当確〟になったことによって、中国があわててどのような行動に出たかというと、急いでRCEP協定（東アジア地域包括的経済連携協定）にサインしたことだ。その上、TPP（環太平洋パートナーシップ協定）にも加入しようとしている。

では、なぜ中国がこういう行動をとるのか。バイデン氏が政権に就くと決まったことで、アメリカが再び同盟国をまとめるようになり、中国包囲網によって孤立化を余儀なくさせられるのではないか、という焦りがあるからだ。

そもそもTPPは中国包囲網を形成するために作られたものだ。そのTPPに中国が加入するなど本末転倒だ。

しかし、中国は包囲網の突破口を見出そうと焦っているわけで、その理由はトランプ氏が大統領選で負けたからだ。もしトランプ氏が勝利していたら、トランプ氏は同盟国さえ

も敵に回した経緯があるので、中国は焦る必要などなかっただろう。

こうした動きを見ると、中国がトランプ政権の継続を望んでいたのではないかと考える。従って、今後、中国は緩和というか、諸外国に対して態度を豹変させる可能性が大いにあると私は推測している。

バイデン氏がアメリカの大統領になることが決定的になった段階で、中国政府からメッセージらしいメッセージは出ていない。また、従来であれば中国共産党に近い学者やシンクタンクは、「新冷戦」の構造について指摘されても、どちらかと言えば「うん、うん」と頷く感じであまり否定しなかった。

しかし、アメリカの大統領選挙の結果が決定的になってからは、中国は頑なに「私たちはアメリカと対立したくない」「これは冷戦ではない」ということを強調するようになった。つまり、それほど中国は孤立化することを本当に恐れていて、バイデン大統領誕生のインパクトは、中国にとって相当大きいということだ。

そして、バイデン氏が大統領に就くことで、中国以上に困るのがロシアだ。

中東やコーカサスで好き勝手にやっていたのに、ブリンケンが国務長官に就くとなると、アメリカが介入してくることが考えられる。だから大統領選挙の直後に、ロシアはアゼルバイジャンとアルメニアの紛争を急遽終息させた。

一瞬でこの紛争を終わらせることができたのに、なぜ今までやらなかったのかと言えば、トランプ政権であれば介入してくる恐れがなかったからだ。

例えば、トルコもバイデン氏の当選が確定してから急遽、内閣の人事を替え、財務大臣に就任していたエルドアンの娘婿を辞めさせ、トルコ中銀の総裁も更迭している。新しい財務相は米国の留学経験者でバイデンの出身校であるデラウェア大学で勉強している。さらにトルコは欧米に対しては「法改革をやります」「民主主義路線に戻ります」というようなメッセージを出している。

つまり、トランプ氏の敗北は、全世界のいわゆるポピュリスト・リーダー、独裁者にとってかなりの衝撃だったわけで、この事実が極めて大きな変化を世界にもたらしたと言える。

**【経済政策】**

バイ・アメリカン政策で500万人の新規雇用の創出を目指す。アメリカ政府は4000億ドルを使って自国製のものを購入する。さらに3000億ドルを研究開発に使う。その内の約半分を環境関連に充てる。

【財政政策】

ＦＲＢは雇用対策を行う時に、全体の数字だけでなく、人種別の雇用対策もすべきだとしている。

▼要するに、例えば全体で失業率が低くなってたとしても、まだ黒人の失業率が高い、ヒスパニックの失業率が高い、女性の失業率が高いといった場合、その対策も講じるということだ。しかし、こうした緩和を半永久的に行えと言っているように私には聞こえるが、完全雇用状態は生まれないわけだから、そんな対策を半永久的に続けられるはずはない。

【ヘルスケア政策】

ユニバーサルヘルスケアを徹底させ、10年間で約８００兆円規模の介護・保育政策を打ち出す。日本ではあまり注目されていないが、介護・保育は米国でも大きな課題となっている。

▼グラフィック〈人口統計〉としてアメリカはこれからかなり高齢化してくるので、その対策を図ろうとしている。

**【環境対策】**

パリ協定とグリーン・ニューディールにコミットする。「クリーンエネルギー革命」に2兆ドル投資して、1000万人の新規雇用を創出する。2050年までにゼロ・ミッションを達成する。

▼菅首相も所信表明で同様のことを言っているが、バイデン氏の当選が確定したことで、日米欧中4大勢力がすべてこの環境対策を実施して、2050年までにゼロ・ミッションを達成しようということになったので、この政策はかなり早く動くと思われる。

**【教育対策】**

ユニバーサル保育園を約束。コミュニティカレッジと公立大学の無料化を目指す。

## 【移民政策】

トランプ政権の移民政策を廃止。不法移民の市民権獲得へのプロセスを整備する。難民受け入れ数は大幅に引き上げる。

## 【税制対策】

法人税を21％から28％に引き上げる。所得税の最高税率を37％から39・6％に引き上げる。ただしこれは年収40万ドル以上の個人に対して。

税制対策については、高所得者に対して採用している減税措置の一部を撤廃する方向だが、トランプ氏がまったく税金を払っていないということが話題になった。

なぜ税金を払わなくても済むのかというと、普通の収入を不動産の減損で相殺しているからだ。例えば、アメリカの郊外に土地を買い、そこをゴルフ場にすることを最初に想定し、土地の購入後、5年～10年経った時に、「もうゴルフ場は止めました。自治体に寄付します」ということを実行して、その減損分を自分の収入に乗せるわけだ。

つまり、本当はそこまでの価値はないのに、「ここはゴルフ場にすれば100億だったはずだから、100億の減損です」として、それを全部、自分の年収と相殺すれば税金を払わなくて済むという構図だ。この方法で税金を払っていない人がアメリカにはたくさんいる。そこにメスを入れるというのが、上記の税制対策だ。

従来は自営業の人には源泉徴収がなかった。しかし、この税制対策によって40万ドル以上の収入がある個人に源泉徴収が義務付けられる。

キャピタルゲインの課税についても23・8%から39・6%に引き上げられる。ただしこれは100万ドル以上の年収がある者に限られるものの、これが実施されれば、相当、売りが出るはずで、実施前から株価には影響が出るだろう。

そして、法人税率についても21%から28%に引き上げるとのことだが、このような思い切った増税ができるかどうかは、すべて上院で可決されるかどうかにかかっている。

# 第6章

# 日経平均は2050年までに30万円に!!

## コロナ・ショックによる暴落は歴代4位の大暴落

『会社四季報』の2020年春号は3月発売にもかかわらず、「新型コロナ・ウイルス」を「新型肺炎」に統一したコロナ禍に関するコメントが多かったが、3月の下げ幅を見ると、時価総額比で平均してわずか30～40%の水準に止まり、日経平均の前月高値と当月最安値の1カ月の下げ幅は、東証再開後71年の歴史で歴代4位の大暴落であった。

1位はリーマン・ショックによる2008年10月の44・2%。2位はスターリン・ショックによる1953年3月の35・3%。3位は90年代のバブル崩壊第一波による1990年9月の32・0%。そして4位が今回のコロナ禍によるもので30・1%。5位はドッジデフレによる1949年12月の30・0%であった。

一方、次ページの図表に示されているように、1949年から株価が大暴落したことが5回あったものの、そうしたなかでも、暴落後、株価が反転して上昇したケースが多く、今回それに当てはまる。『会社四季報』の企業コメントは2020年夏号にもっとも悪化していたが、秋号から底打ちや底入れというキーワードが多くなった。

具体的にどういった業種が底打ちしたかと言うと、トップは「電気機器」で半導体が底

## ■日本のパンデミックと株式市場

**1918(大正7)年「スペインインフルエンザ」全世界で大流行。**

**米国カンザス州から始まる⇒第一次世界大戦中で各国が情報統制を敷く⇒スペインだけが国王がインフルエンザにかかったと報道⇒スペイン発と受け取られ名前に残る。**

**当時の世界人口約20億人のうち1/3分以上が感染し死者は数千万人に上った。**

**日本の死者は38万人に上ったが、翌年2月の東京日日新聞は「世界風邪で恐ろしい死亡者、安政虎疫(コレラ)以来の大惨状」と題し、東京市内だけで1日250人ほどの死亡者が出ていると、その惨状を伝えている。**

**1957(昭和32)年の「アジアインフルエンザ」は、日本では6月に全国で猛威をふるい、学童50万人以上が罹患し、1200校が休校する事態に至った。**

パンデミックの歴史と株価騰落率
翌月は大きく下がる事があっても、そこから12カ月後を見越すと全てのパンデミック発生時で株価は上昇している

| | 感染症名 | 発生場所 | 発生時期 | 翌月末(基準月) | 基準月より6カ月後 | 基準月より12カ月後 |
|---|---|---|---|---|---|---|
| 1 | 旧アジアインフルエンザ | サンクトペテルブルク | 1889年12月(明治22) | -5.7% | 30.9% | 17.7% |
| 2 | スペインインフルエンザ | 米国カンザス州 | 1918年3月(大正7) | 3.7% | 7.2% | 42.1% |
| 3 | アジアインフルエンザ | 香港 | 1957年4月(昭和32) | -11.7% | -5.5% | 8.3% |
| 4 | 香港インフルエンザ | 香港 | 1968年7月(昭和43) | 6.3% | 3.2% | 12.4% |
| 5 | 新型インフルエンザ | メキシコ | 2009年4月(平成21) | 7.9% | -1.9% | 2.6% |
| 6 | 新型コロナウイルス | 中国武漢 | 2020年1月(令和2) | -8.9% | ? | ? |

※新型コロナウイルスの発生時期は中国国営中央テレビ(CCTV)が公表した1月9日とした
※株価騰落率は1と2は「東京株式取引所」の株価を、3から6までは「日経平均株価」を用いた

打ちを牽引しており、同関連では「卸売」「機械」「化学」の中でも30％を占め、底入れした銘柄は広範囲に及ぶ。２位はコスト削減や増税の反動から「小売」が底打ちしている。次いで3位は「設備・機械」「スマホ・部材」「素材・原料」などで、やはり半導体が底打ちを牽引している。

## 半導体市場が底打ちした後、株式市場が底打ちし上昇していく

次に底打ちを牽引している半導体の株価サイクルについて、東京エレクトロン【８０３５】（次ページ図表参照）を見てみると、3年上げて2年下げるサイクルを繰り返しており、これは日本の景気サイクルと似通っている。日本の景気サイクルは、約3年間は景気がよく、約1年半は景気が悪くなっており、平均して大体4年半で一巡している。

一方、２０２０年の半導体市場は４３３０億ドル（約47・6兆円）で、5・9％増の予想だった。成長率がこのように前年マイナスからプラスになるのは、底打ちで、過去20年で5回目となり（次ページ図表参照）、半導体市場が先行して底打ちした後に株式市場が底打ちするケースが多い。

従って、今回も半導体市場が先行して底打ちし、その後、株式市場が底打ちし、上昇し

## 東京エレク株価から見る「3年上げ2年下げ」サイクル

**('00年〜東エレ先行指標)**

**18年12月に「東エレ株価(=半導体サイクル)」は**

**19年12月に「底打ち」と予測** ※実際株価は19年1月に底打ち(半値)

東京エレクトロン(8035)の株価サイクル

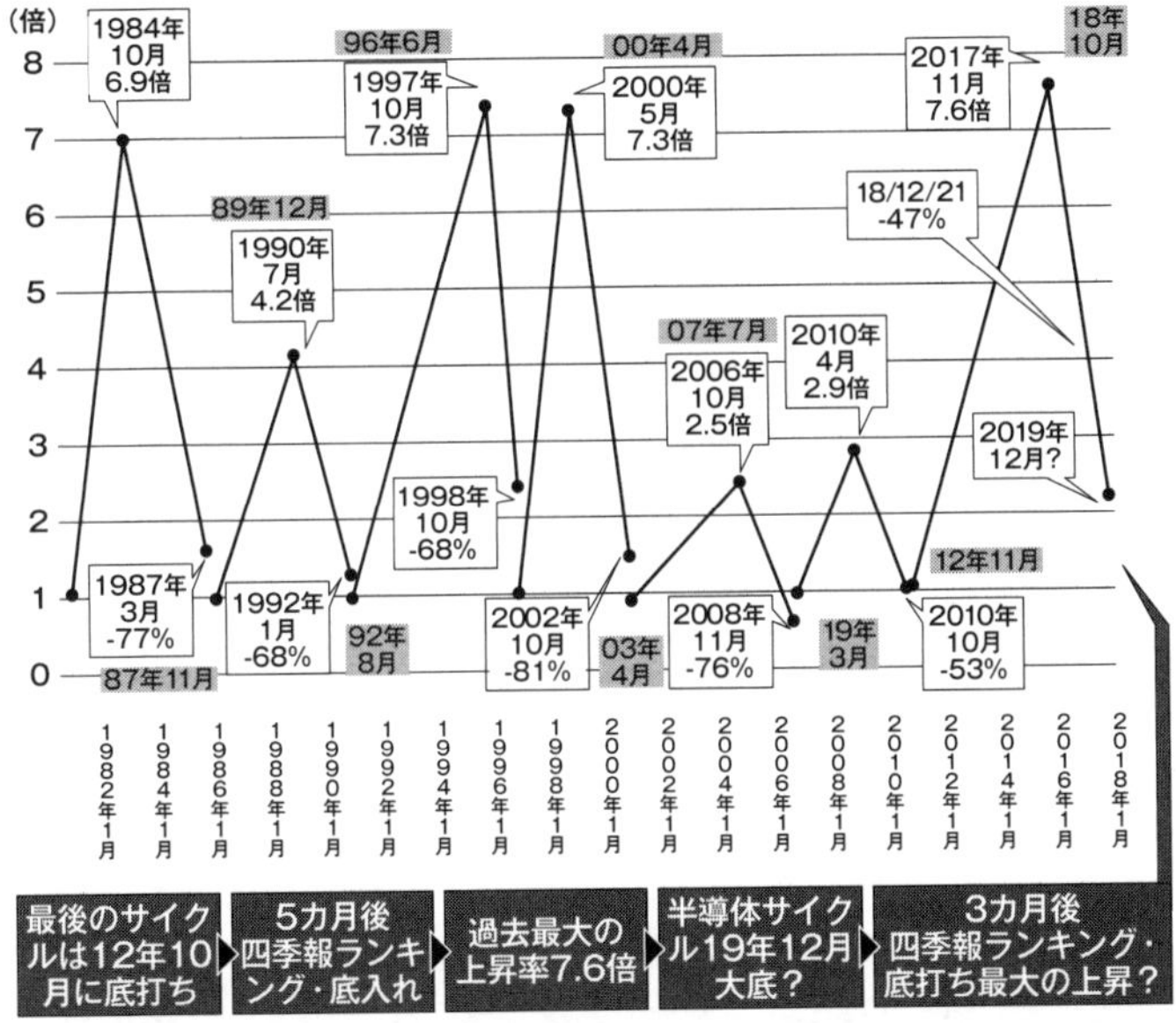


最後のサイクルは12年10月に底打ち ▶ 5カ月後 四季報ランキング・底入れ ▶ 過去最大の上昇率7.6倍 ▶ 半導体サイクル19年12月大底? ▶ 3カ月後 四季報ランキング・底打ち最大の上昇?

| 始点(前回安値) | 高値 | 上昇期間(月) | 安値から上昇倍率 | 安値 | 下落期間(月) | 高値から下落率 | 合計(月数) |
|---|---|---|---|---|---|---|---|
| 1982年4月 | 1984年10月 | 30 | 6.9 | 1987年3月 | 29 | -77% | 59 |
| 1987年3月 | 1990年7月 | 40 | 4.2 | 1992年8月 | 25 | -68% | 65 |
| 1992年8月 | 1997年10月 | 62 | 7.3 | 1988年10月 | 12 | -68% | 74 |
| 1998年10月 | 1984年5月 | 19 | 7.3 | 2002年10月 | 29 | -81% | 48 |
| 2002年10月 | 1984年10月 | 48 | 2.5 | 2008年11月 | 25 | -76% | 73 |
| 2008年11月 | 1984年4月 | 17 | 2.9 | 2012年10月 | 30 | -53% | 47 |
| 平均 | | 36 | 5.2 | | 29 | -70.5% | 61 |
| 2012年10月 | 2017年11月 | 61 | 7.6 | ? | ? | ? | ? |
| 3.155 | 23.875 | 注目! 上昇36カ月 | | 2019年12月(高値から25カ月) | | 7049円(高値から-70%) | |

ていくタイミングを迎えていると思われる。

## 5Gが株式市場を牽引し、NYダウから日経平均に主役が代わる

では今後、どのような業種がきっかけとなって株式市場が好況化していくのかと言うと、5G（5世代移動通信）がその筆頭に上げられる。5G投資に関連するニュースはいろいろ出ているが、日本が中国の5G投資に積極的に関わるか関わらないかは別として、5Gに必要なものを中国に提供していく公算が大きい。

「中国5G経済報告2020（中国国際経済交流センターなど）」の発表では、2020年の中国国内における5G商用化への投資額は9000億元（約14兆円）という規模で、54万人の雇用を創出する見通しだ。さらに2025年の投資額は1兆5000億元（約23・3兆円）という規模で、350万人超の雇用を生み出すと予測している。

また、日経新聞は2020年3月19日の記事で、チャイナモバイル（中国移動）が2020年12月期に5G関連に約1000億元（約1・5兆円、前期比4倍）を投資すると発表したことを伝えており、今後、中国では5G関連への投資が急増するものと思われる。

## ■世界の半導体市場から見える底打ち予測

**WSTSによると2020年半導体市場は**
**4330億ドル(47.6兆円)で5.9%増の予想。**
**成長率が「前年(−)から今年(+)」に**
**なるのが「底打ち」で過去20年で5回目。**
**半導体市場が先行して底打ちし、**
**その後株式相場が底打ちするケースが多い。**

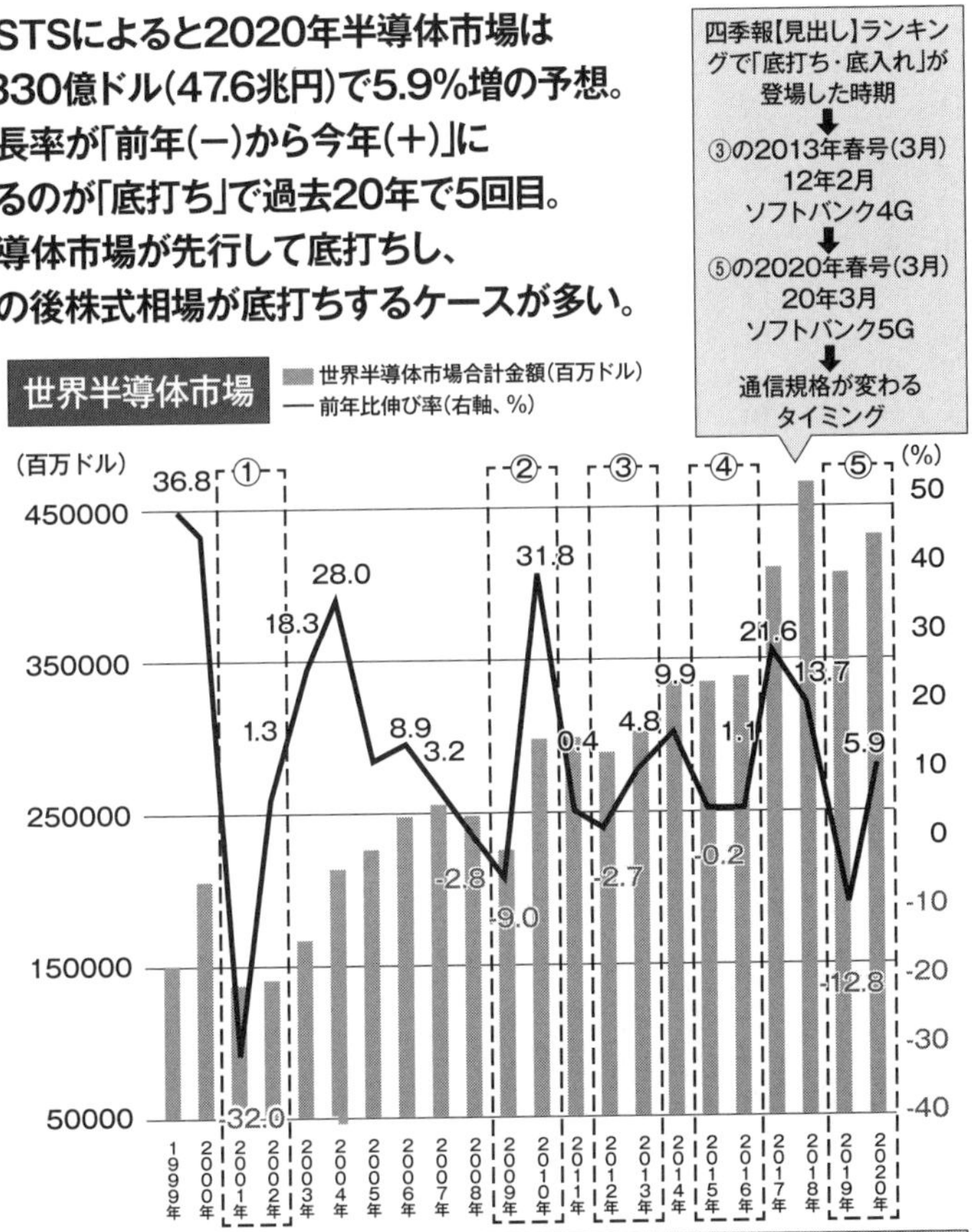


| | 合計金額(伸び率) | | ディスクリート | | オプトエレクトロニクス | | センサー | | IC | |
|---|---|---|---|---|---|---|---|---|---|---|
| | | | 1つの機能のみを備えている単純な半導体、コンデンサ、トランジスタ、ダイオードなど | | 光を電気信号に変換、高速通信が可能。フォトレジスタ、レーザー、LED、光ファイバーなど | | 光、電流、磁器、温度、音、形などを検知し測定する素子、CCDなど | | 半導体集積回路、回路素子をひとつのパッケージとしてまとめた回路、LSIなど | |
| 2019年 | 408,988 | **-12.8** | 23,960 | **-0.6** | 41,056 | 8.0 | 13,623 | 2.0 | 330,350 | **-16.0** |
| 2020年 | 433,027 | 5.9 | 24,874 | 3.8 | 46,168 | 12.5 | 14,355 | 5.4 | 347,630 | 5.2 |

※単位：100万ドル、2019年12月WSTS(World Semiconductor Trade Statistics：世界半導体市場統計)などを参考にまとめ

あるいは、「世界の5G通信関連市場の調査」（2020年2月28日、富士キメラ総研）によると、2025年の基地局の世界市場は、2018年の約3倍に相当する11兆3530億円になると見込んでいる。スマホの5G対応比率は62・1％、9億台となり、5Gの成長にともない移動通信関連の世界の経済効果は2024年までに4兆9000億ドル（540兆円）に上ると予測している。

つまり、世界の「5G競争」は、「覇権争い」→絶対に負けられない→5Gで遠隔が可能に→テレワークに絶対必要→新型肺炎でも投資は絶対に止められない、という構造になってきており、半導体関連がこれから盛り上がることを意味している。

一方、今回のコロナ・ショックによる株価下落は、1987年に発生したブラックマンデー型と見ることができる。

ブラックマンデーが発生した際、NYダウは約32％下がり、日経平均は約21％下がった。今回のコロナ・ショックで日経平均は約31％下がっており、この下落率はブラックマンデーの時のNYダウとほぼ一緒だ。

ブラックマンデー後、NYダウは2年間で高値を更新してピークをつけ、日経平均も史上最高値を更新した。その後、急落するも主役がNYダウから日経平均に交代して上昇している。従って、今回もNYダウから日経平均に主役が代わる可能性は極めて高いと推測

## コロナショック下落はブラックマンデー型か?

**今回のコロナショックの株価下落は「ブラックマンデー型」と考える⇒当時のNYダウと今回の日経平均の下落率ほぼ同じ。NYダウは今後約2年で高値更新、ピークをつける。日経平均も史上最高値更新、その後急落するもNYダウから日経平均は主役が交代し上昇へ。**

1985年9月プラザ合意後のNYダウと日経平均

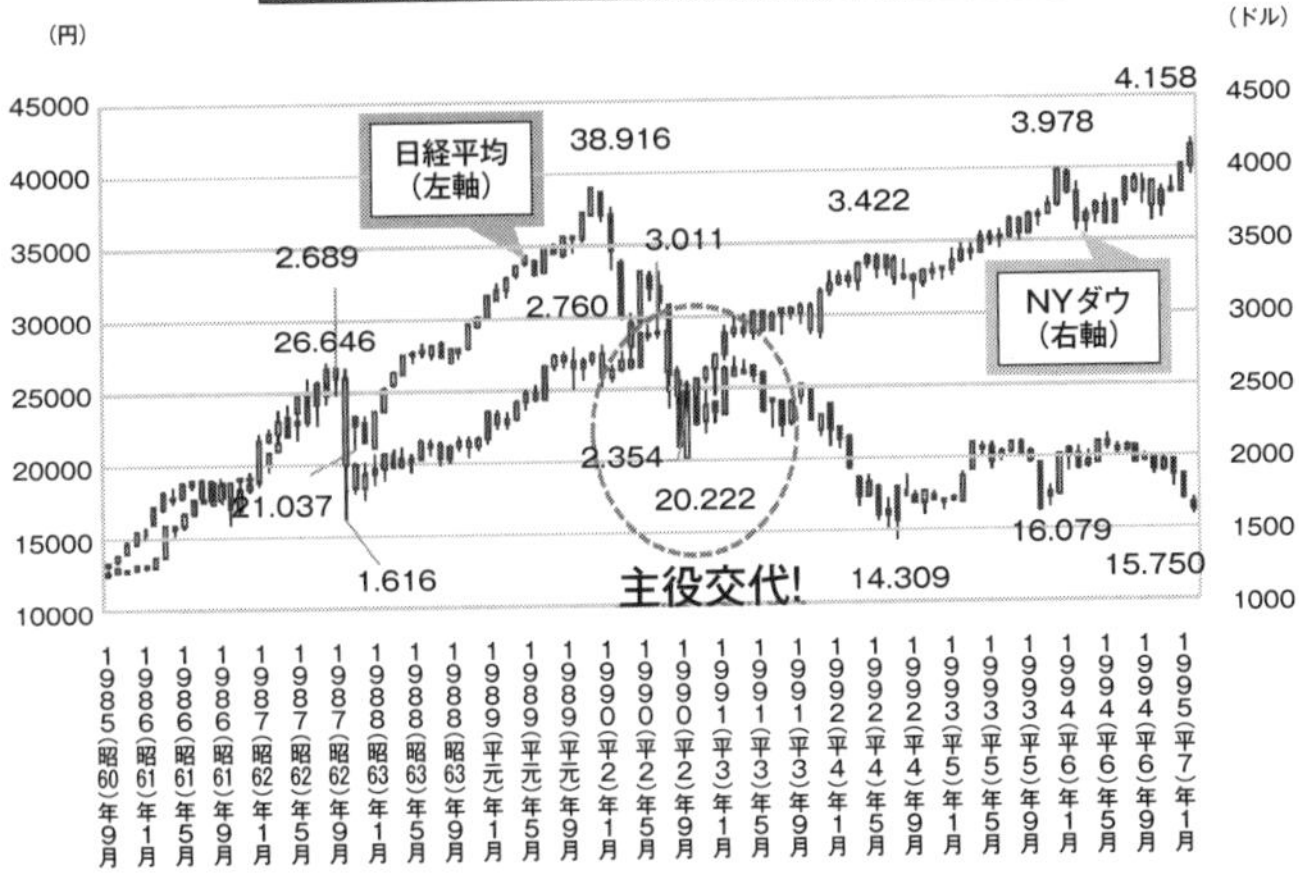


当時のNYダウを10倍にした数字が当時も現在も日経平均に近い。
特に安値は酷似。ここから74カ月で4000ドル超へ

| ●ブラックマンデー | 日経平均 | | 下落率 |
|---|---|---|---|
| 1987(昭62)年9月 | 高値 | 26118.42 | |
| 1987(昭62)年10月 | 高値 | 26646.43 | |
| 1987(昭62)年11月 | 安値 | 21036.76 | -21.1% |
| 1987(昭62)年12月 | 安値 | 21533.44 | |
| | | | 期間 |
| 1988(昭63)年4月 | 高値更新 | 27509.54 | 6カ月 |
| 1989(平元)年12月 | 最高値 | 389158.87 | 25カ月 |

| ●ブラックマンデー | NYダウ | | 下落率 |
|---|---|---|---|
| 1987(昭62)年9月 | 高値 | 2688.8 | |
| 1987(昭62)年10月 | 高値 | 2651.8 | |
| 1987(昭62)年11月 | 安値 | 1799.6 | -32.1% |
| 1987(昭62)年12月 | 安値 | 1745.2 | -35.1% |
| | | | 期間 |
| 1989(昭63)年8月 | 高値更新 | 2748.1 | 24カ月 |
| 1989(平元)年12月 | 4000ドル超え | 4021.43 | 74カ月 |

| ●コロナショック | 日経平均 | | 下落率 |
|---|---|---|---|
| 2020(令2)年2月 | 高値 | 23873.59 | |
| 2020(令2)年3月 | 安値 | 16358.19 | -31.5 |

| ●コロナショック | NYダウ | | 下落率 |
|---|---|---|---|
| 2020(令2)年2月 | 高値 | 23873.59 | |
| 2020(令2)年3月 | 安値 | 16358.19 | -38.4 |

する。

## 不況下の株高が発生し、超バブルになる可能性がある

次に、今回の新型コロナ・ウイルスが景気にどのように影響しているかを図式化した次ページの図表を見ていただきたい。

まず「設備投資」については、ちょうど景気のサイクルがピークに近いところで加速している。その後、「新卒採用」が急激に悪化し、これに伴い「雇用・人材」の面が人手不足から人余りに移行。そして「実際の景気」は、山が2019年1月2月だったと推測される。

次いで「在庫」は、世界の在庫は最高水準だったが、コロナ禍による生産停止で減少が加速し、在庫を全部吐き出す状況を迎えた。また、「売上」は反転予想だったが、もう一段減少することになった。

一方、「利益」はコスト削減によるもので、雇用が厳しい状況を迎え、特に外食産業は「デフレ色」が強まった。連れて「生産」は底入れが見えない状態を迎え、同時に株価の先行きも不透明になった。

## ■株価と実際の景気の動き

**「先行指標」「一致指標」「遅行指標」のイメージは下図のとおり。**

**好調だった「人材」が落ち始めるため、消費、特に外食は「デフレ色」が強まる⇒「サブスク」「シェア」「リサイクル」が注目され、高額消費は敬遠される。**

**ただ各国の資金供給・経済対策で流動性相場になり「不況下の株高」か？**

**またコロナが早期終息し、生産が再開、人が動くと「超バブル」になる可能性も。**

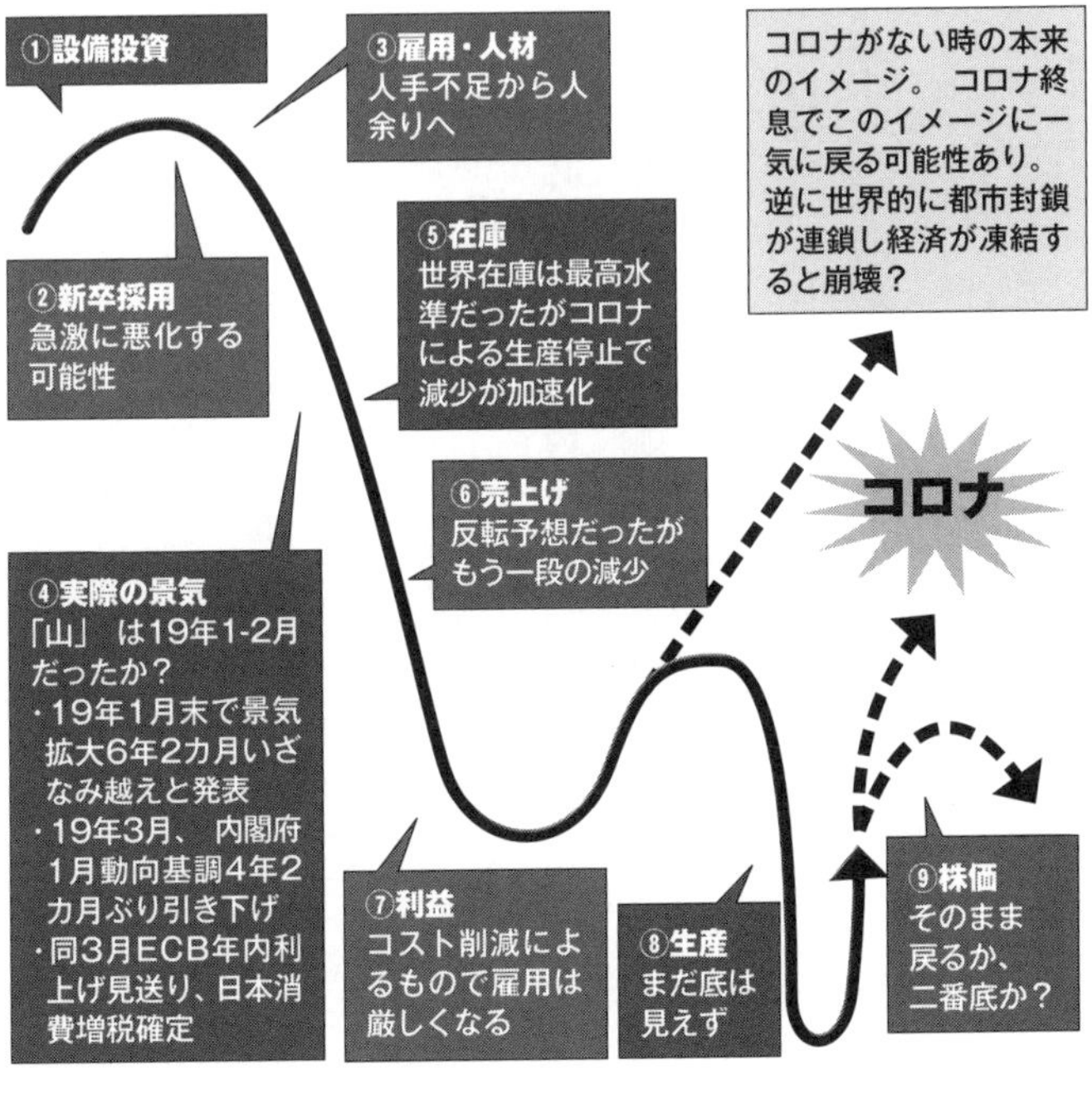

こうした状況から、サブスクリプション・サービス（ある商品やサービスを一定期間、一定額で利用できるような仕組み）、シェアリングサービス（物・サービス・場所などを、ソーシャルメディアを活用して多くの人と共有・交換して利用する社会的な仕組み）、リサイクル（廃棄物の再利用）が再び注目され、高額消費が敬遠されるようになった。

とはいえ、各国の資金供給、経済対策によって流動相場になった現在、コロナ禍が早期に収束し、生産が再開されて人が動くようになると見込まれれば、不況下の株高が発生し、超バブルになる可能性が出てきた。

景気の先行きを判断する際に、これはなかなか理解しづらいかもしれないが、個人消費・雇用状況などを遅行指数として捉える必要がある。例えば有効求人倍率がバブル並みに高い、あるいは完全に売り手市場になっているなど、個人消費が高くなっている場合は、基本的に景気がもう悪くなっている状態だ。

従って、今後はこうした先行指数が上がっていくはずで、先行指数という表現にあまり実感が持てないにしても、日経平均はおそらく底打ちして上昇していくだろう。

## バフェットはなぜ日本の商社株を買ったのか？

現在、日本株は世界で究極のバリュー投資のターゲットになっている可能性がある。バリュー投資とはクォリティ投資である。

この投資の巨匠として知られるウォーレン・バフェット氏が、伊藤忠、三菱商事、三井物産、住友商事、丸紅の5社の株を買ったことが報じられ、注目された。

同氏の投資スタイルはビジネスモデルがシンプルで、キャッシュフローを生みやすい大企業を選び長期保有することであり、その代表例がコカ・コーラへの投資だった。

今回、バフェット氏が買った三菱商事の場合、２０２０年の6月時点で時価総額が3兆７０００億円で、ＰＢＲ（株価純資産倍率）は0・7倍と1倍を割れているので、かなりの割安だ。そして、営業キャッシュフローとフリーキャッシュフローはプラス。時価総額を営業キャッシュフローで割ったＰＣＦ（営業キャッシュフロー）の倍率は4・4倍。

ＰＣＦの15倍以下は割安、10倍以下は超割安、５倍以下はただ同然と言われている。つまり、日本の商社株はタダ同然だったということだ。しかもマイナス金利の時代に配当利回りは５％を超えているのも魅力的である。

バフェット氏が日本の商社株を買った理由は、上記のように、企業のキャッシュフローから評価して超割安どころか、タダ同然と判断したからである。

つまり、日本の商社を代表する三菱商事でも時価総額は3兆7000億円しかなかったということだ。アメリカでちょっと成功したシリコンバレーのベンチャー企業より安いわけである。三菱商事の時価総額は最低でも10兆円を超えてもおかしくはない。それだけ日本企業が割安に放置されているということだ。

日本では、こういった企業が割安のままになっている。バフェット氏のようにバリュー投資に目を向ける時がきたと言える。

## 日本が世界をリードしていく

パンデミックのサイクルについては第5章でも触れたが、2018年11月に、政府広報オンラインに「新型インフルエンザの発生に備えて　～1人ひとりができる対策を知っておこう～」というサイトが、次いで同年12月には内閣官房ホームページに「2018～2019新型インフルエンザ特設ページ」というサイトが開設された。この両サイトを見ると、インフルエンザには一定の周期（＝サイクル）があることがわかる。

戦前は1889(明治22)年に旧アジア・インフルエンザ、1918(大正8)年にスペイン・インフルエンザが発生している。戦後は1957年のアジア・インフルエンザ、1968年の香港インフルエンザ、2009年の新型インフルエンザの都合3回発生している。インフルエンザではないが、これに今回の新型コロナ・ウイルスを加えると、戦後、パンデミックは4回発生したことになる。

パンデミックが起きた際の株価の動きを見てみると、翌月大きく下がることはあっても、そこから12カ月後には、すべてパンデミック発生時に比べて株価は上昇している。

例えば旧アジア・インフルエンザの時は、翌月末の基準月では5・7%下がっているが、半年後には30・9%上がり、12カ月後には17・7%上がっている。

スペイン・インフルエンザの時は、日本株は下がっておらず、3・7%が半年後には7・2%上がり、12カ月後には42・1%上がっている。

1957年と1968年の香港インフルエンザの時も翌月は下がっているが、その後上がっている。

2009年のメキシコの新型インフルエンザの時は、まだリーマン・ショック直後だったこともあり、日本株はボックス相場になったが、それほど大きく動いていない。

そして、今回の新型コロナ・ウイルスによって株価がどうなるかだが、発生当時に比べて大きく上がることを踏まえると、発生時に約2万4000だった株価は、12カ月後には大きく上がっている可能性がある。実際に日経平均は2020年11月に2万6000に達した。これは1991年以来の高水準である。

私は、コロナ禍が終息すると同時に世界的に金余りとなって、日経平均株価は3年以内にバブル時代の史上最高値を超え、5年以内に5万に到達すると思っている。

そして、2030年までには8万円、2040年には16万円、2050年までには30万円に達すると思っている。

もちろん株価は一直線で上昇するわけではない。その前に一旦大きな調整も入るだろう。特に米大統領の任期1年目の株価パフォーマンスはあまりよくないので、2021年前半に大きな株価調整があるかもしれない。しかし、これは2020年3月の安値で買えなかった投資家に買いのチャンスを与えてくれると考える。

世界の株式のトレンドは、今後、グロース（成長）からクオリティ（品質）へとシフトしていく。これまでグロースの代表格は中国だったが、これからはクオリティの日本、そして、グロースもクオリティも備えているアメリカにシフトしていくことになるだろう。

ソフトバンクのビジョン・ファンドは典型的なグロース・ファンドだった。新興企業、高成長企業への投資を繰り返したが、そのほとんどを高値で買ったために、このファンドはことごとく失敗している。つまり、孫正義氏は天才的な投資家と言えるが、彼の投資スタイルが、世の中に合わなくなってきており、彼でさえ世の中の流れを感知できなかった可能性がある。

しかし、世の中がグロースからクオリティにシフトしていくという観点に立てば、日本はクオリティの代表格なので、今後、評価されていくに違いなく、私は現在、日本が世界をリードするシナリオを描いている。

## おわりに

本の原稿の最終確認が終わって後書きを書いている最中に、ビットコインは2万8000ドルを超えました。短期的な上昇ペースは急すぎて価格がバブルの兆候を見せながらもデジタル通貨の勢いが続いていることは、世の中の変化の加速度が増していることの証明です。一方でパンデミックも北半球に冬の到来で、また勢いに乗っています。ファイザーのワクチンを開発した独バイオンテック社の創業者であるウール・シャヒン博士によれば、コロナ・ウイルスは少なくとも向こう10年間はなくならないそうです。感染が収まったり拡大したり、収まったり拡大したりを繰り返すとのことです。インフルエンザが毎年流行っていることを考慮すると一旦世界に拡散してしまったウイルスが簡単になくならないことくらいは、みんな想像できると思います。

FATMAN-G（フェイスブック、アマゾン、テスラ、マイクロソフト、アップル、ネットフリックスとグーグル）と言われる企業群の時価総額はすでに先進国のGDPのようなレベルに達しています。実際にアップル、アマゾン、グーグル3社の時価総額の合計が日本のGDPを超えました。テスラの時価総額はトヨタ、フォルクスワーゲン、ダイムラー、GM、BMW、ホンダ、フォードなど世界の主要自動車企業の時価総額の合計を超えています。

これはニューノーマルという見方がありますが、私は違うと思います。特にテスラのケースはバブルの教科書例だと考えます。バブルが長く続くものではありません。ミシシッピ・バブルからチューリップ・バブルまで、オイルショックからリーマンショックまで、人間が今までやってきたことはすべて同じだからです。バブルが起きるたびに、「今回は違う！」と主張する人がいますが、そんなわけにはいきません。生き物はそんな短期間で進化しませんし、ホモ・サピエンスも他の哺乳類より賢くても例外ではありません。私たちはこの1万年同じ過ちを繰り返してきました。

もちろん問題があるのは米国市場だけはありません。バブルも親玉が中国にあります。長年の過剰設備投資、不動産投機による資産インフレと不良債務問題が中国経済の弱点です。中国政府は日本のバブル崩壊をよく研究し、中国が同じミスをしないように慎重に経済運営をしてきましたが、パンデミックは大打撃になって中国の巨大企業が債務超過を起こしてバタバタ倒れています。

2020年10月に子会社が独BMWと合弁関係にある華晨汽車集団の社債がデフォルトしました。その直後の11月に今度は社債がトリプルAの格付けで最高ランクを与えられていた国有石炭会社の永城煤電控股集団がデフォルトを起こしました。12月に中国の繊維大手の山東如意科技集団がデフォルトを起こしましたが、当社は日本の老舗アパレルメーカーレナウンの親会社でした。レナウンも2020年5月に倒産しましたが、倒産の理由はやはり親会社の山東如意のグループ企業からの売掛金の回収が滞ったためでした。

経済の知識があり、経済の歴史を少しでも知っている者がすでに気付いているように中国バブルは崩壊しかけています。中国経済全体が日本のバブル崩壊と比較ならないほど派手にガタガタ崩れるのは時間の問題です。

では、これからどうなるのでしょうか？　株式市場の観点から話すと、このグロース株（成長株）のバブル、つまり米中のバブルが弾けた時に世界でバリュー株の時代が始まります。バリュー株というと日本のメディアは「割安」というニュアンスで伝えることが多いのですが、バリューとは割安だけではなくクオリティーが高いという意味です。世界でバリューつまりクオリティーの象徴は日本であり、究極のバリュー株は日本株です。つまり、近いうちに世界の資金の流れは米中から日本に変わると思います。ＩＴバブル崩壊後もグロースからバリューに流れが変わりました。今後はもっと大きい規模でその現象が発生すると考えます。

世界はコロナパンデミックをきっかけに新たなパラダイムにシフトしました。世界各国は多大なる犠牲を払いながらパンデミックと戦っています。日本も例外ではありません。日本はこの戦いに勝利している国の一つだと思います。２０２０年12月28日付の日経新聞の記事によれば、日本の1月から10月までの死亡者数は前年同期に比べ1万４０００人も少ないとのことです。コロナ対策で他の感染症による死亡が激減したことが原因とされていますが、世界規模のパンデミックが起きているのに死者数が減っている国はおそらく日本だけでしょう。

日本人は今までも様々な存亡の危機に直面し、すべて乗り越えてきました。やはりこの局面でも国民としての優秀さが目立っています。私は21世紀が日本の時代になると心から信じているし、自分の人生も日本にかけています。日本人のみなさんにも是非日本という素晴らしい国の力とポテンシャルを信じてほしいのです。その思いでこの本を書きました。最後まで読んでいただき、ありがとうございました。

２０２１年1月

エミン・ユルマズ

［著者略歴］
**エミン・ユルマズ** (Emin Yurumazu)
トルコ・イスタンブール出身。17歳で日本に留学し、1年後に東京大学理科一類に合格。東京大学工学部卒業。同大学院にて生命工学修士を取得。卒業後、野村證券に入社し、M&Aアドバイザリー業務、機関投資家営業業務などに従事。四季リサーチを経て、2016年に複眼経済塾取締役・塾頭に就任。現在、トルコ国立報道機関アナトリアンエージェンシーの専属アナリストも務めている。日本メディアにて活躍中。著書に『米中新冷戦のはざまで日本経済は必ず浮上する』(かや書房)、『コロナ後の世界経済　米中新冷戦と日本経済の復活！』(集英社)など。

**新キャッシュレス時代　日本経済が再び世界をリードする**
**世界はグロースからクオリティへ**

ISBN978-4-7747-9208-8 C0033

著　者　エミン・ユルマズ
発行人　杉原葉子
発行所　株式会社コスミック出版
〒154-0002　東京都世田谷区下馬6-15-4
代表 TEL.03-5432-7081
営業 TEL.03-5432-7084
FAX.03-5432-7088
編集 TEL.03-5432-7086
FAX.03-5432-7090
http://www.cosmicpub.com/
振替　00110-8-611382

印刷・製本　株式会社光邦

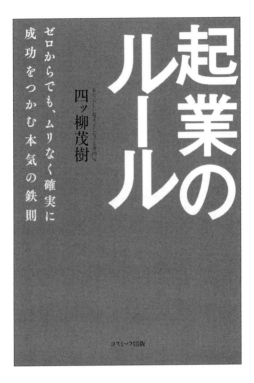

## コスミック出版の本

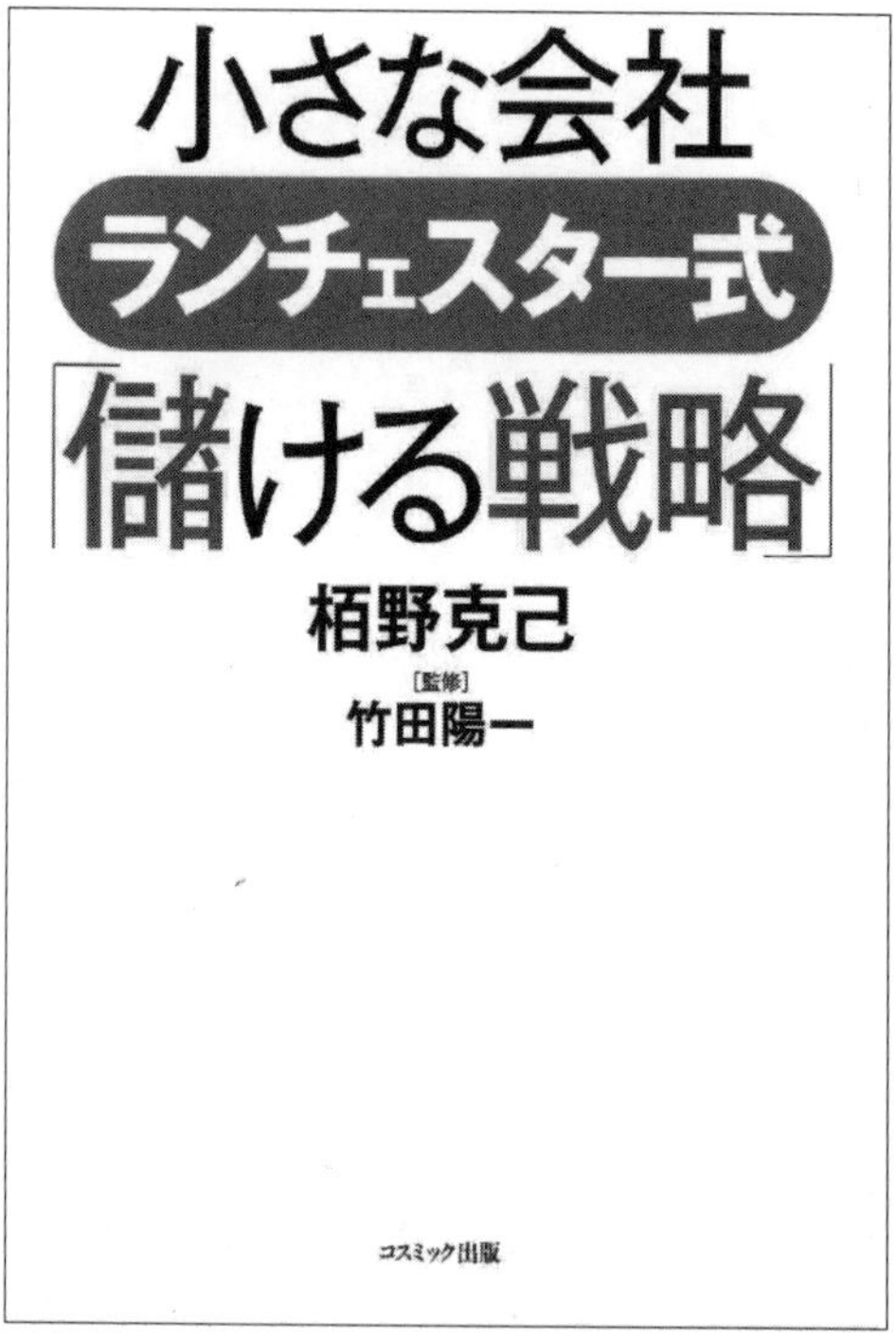


## 小さな会社　ランチェスター式「儲ける戦略」

栢野克己 著　　竹田陽一 監修

定価　本体1500円+税

ISBN 978-4-7747-9210-1

ドン底から逆転成功した5つの小さな会社の“弱者の戦略”

- リストラで独立するも3年は給与ゼロから粗利2億稼ぐ
- 事業失敗、借金、夜逃げから「唐揚げ弁当」で日本一
- 企業に大失敗から「社長通信」でオンリーワン
- 月給50円のお笑い芸人がダサイ「のぼり旗」で九州No.1
- サラリーマンをクビから「スポーツ教室」年商50億超え

ランチェスター経営で逆転人生！